استعادات درامية
في مسرحيات إماراتية

نقد تطبيقي

محمد سيد أحمد

استعادات درامية
في مسرحيات إماراتية

نقد تطبيقي

إصدارات دائرة الثقافة، حكومة الشارقة 2022م

الناشر: دائرة الثقافة ـ حكومة الشارقة ـ الإمارات العربية المتحدة

الهاتف: 5123333 6 971+

البرَّاق: 5123303 6 971+

الموقع الإليكتروني: www.sdc.gov.ae

البريد الإليكتروني: sdc@sdc.gov.ae

صورة الغلاف: مسرحية (اللوال)

792.09535

أ م . ق   أحمد، محمد سيد

استعادات درامية في مسرحيات إماراتية : نقد تطبيقي / محمد سيد أحمد.ـ الشارقة، الإمارات
العربية المتحدة : دائرة الثقافة، 2022.

162 ص؛ 21X14 سم.

1. المسرح ــ الامارات العربية المتحدة ــ تاريخ ونقد

2. المسرحيات العربية ــ الامارات العربية المتحدة ــ تاريخ ونقد

3. المسرح ـ عروض

أ. العنوان

ISBN: 9789948810919

<h1 style="text-align:center">على سبيل التقديم</h1>

يتموضع الأستاذ محمد سيد أحمد في المربّع الدراميّ المتّصل بالمسرح والسرد والسينما.. وهو بهذا المعنى مهجوس بالبناء الدراميّ بوصفه الخيارَ النّبيلَ الذي يعكِس مَظاهر الحياة ويكشف أبعادها.. وقد كانت للمسرح ـ وما تزال ـ مكانةٌ استثنائيّةٌ في الجغرافيا الدرامية الأفقية التي تمنح الدراماتورجيين المهجوسين صفة الثقافة الشاملة.. والشاهد في حالة مؤلف الكتاب الماثل أنّه يتّصل بالدراما المسرحية الإسكولائية، من خلال خبرته التربوية المديدة، وإسهماته في المسرح المدرسي.. في السودان حيث البدايات الأولى.. واليمن حيث التجربة التعليمية التي رافقته في ثمانينيات القرن المنصرم.. والإمارات التي كانت الحاضن الأكبر لعطائه التعليمي في المسرح المدرسي ولعقودٍ خَلَت.. كما أنّه من المناجِزين للثقافة المسرحية وتجاربها المتنوعة، مِن حيث صِلَتُه المعرفيّةُ بعديد المدارس والاتجاهات الفنية المسرحية.. كما هو الحال وعلى سبيل المثال لا الحصر في مسرح الممثل لاستانسلافسكي.. ومسرح التغريب لبرتولد بْريختْ.. ومسرح

الدراما الدائرية لصمويل بيكيت.. ومسرح الفجيعة التاريخية لألفريد فَرج.. ومسرح الإسقاط التاريخي المكاشِف لواقع الحال، كما عند علي أحمد باكثير.. وغيرها من رؤى ومدارس واتجهات مسرحية.. ولا بد من الإشارة في هذا الباب لصلته المعرفية والذوقية بمسرح الدكتور سلطان بن محمد القاسمي، النابع من التاريخ ودهائه.. والمستقبل وضروراته.. فقد مثل مسرحُ سلطان التاريخيّ معيناً لا ينضب.. من المعاني الدرامية والمعلوماتية والبنائية الفنية.

في هذا الكتاب، نتجول مع مؤلفه في أروقة المسرح الإماراتي، لنقف على أهم العناصر الفنية الخاصة في هذا المسرح.. ولنكاشف أيضا تلك اللوازم التي أثقلت كاهل التعبير النصي المسرحي، وانعكست على تضاريسه الفنية.

كما هو الحال، وعلى سبيل المثال لا الحصر.. تلك النصوص المُنْشَدَّة دوماً للنوستالحيا الاستعادية، لما كان دونما تفريق دلالي بين جمال الماضي وتجددات الحاضر.. بل ضروراته الموضوعية التي لا مفرَّ من أنسَنَتها بمزيد من استمداد عناصر الهوية والخصوصية، بقدر الإقرار بتحولاتها الموضوعية العابرة للزمان.

لقد كان لهذا الأمر أثرُه المؤكد على المسرح الإماراتي.. وهو ما شغل النقادَ وجعلَهم في وارِدِ مُكاشَفَةِ الضرورات المستقبلية، استِناداً إلى القوانين الموضوعية التي تؤشر إلى أن التحوُّلاتِ النوعِيّةَ لا

مناص لها من تراكمات كمية تمهد لوعودها الكبيرة.. وهو ما يحدث عمليا في مختلف أنساق الدراما المسرحية والإذاعية والتلفزيونية والسينمائية.. وصولاً إلى عالم الوسائط الرقمية بأنواعها وتنوعاتها.

أحسب أن القارئ العزيز سيجد في هذه التنويعات المدارية المحمولة بروح الدراما الواسعة وأبعادها، بعضاً من الأجوبة على أسئلة مشروعة.. كانت وستظل إشاراتٍ دالّةً في طريق الألف ميل.

د. عمر عبدالعزيز

توطئة

عواملُ عدّةٌ تداخلت ودفعتني للشروع في إصدار هذا الكتاب منها: التوثيق وسَدّ النقص في مكتبة النقد التطبيقي للعروض المسرحية في الإمارات، والتي كثيراً ما تُظلم بسبب شح العملية النقدية المتناسبة مع القيمة الفنية للعروض. فجل النقد المسرحي هو مجموعة من المقالات الصحفية ذات الطابع الآني، تكتب عقب العروض مباشرةً، ممّا لا يتيح للناقد فرصة التأمل ومشاهدة العرض أكثر من مرة وتناوله من مختلف الجوانب، وإن كان لي أن أشيد بالجهد المبذول من الصحفيين في متابعة وقراءة العروض المسرحية، مع غياب النقد الأكاديمي المتوقع داخل أروقة الجامعات والمنفصل عن الحراك المسرحي الكبير الذي ينتظم ساحة المسرح في الإمارات، وبالخصوص إمارة الشارقة.

كذلك فإن الضلع الثالث من أضلاع الكتابة النقدية، وهو كتابة الناقد المؤهل المختصّ، تَغيب نتيجةً لقلة عدد مجالات المسرح وعدم وجود مقابل مالي للمقالات النقدية التي تنشر في الصحف اليومية.

ثانياً: الدافع الشخصي؛ وهو التوثيق لتجربتي النقدية، التي تناثرت في التعليقات الشفاهية عقب الندوات التطبيقية وفي الحوارات الثنائية مع المسرحيين والمخرجين الإماراتيين، وكتابات نقدية في صحف ومجلات مسرحية داخل وخارج الدولة.

ثالثاً: إقامة جسر من التواصل بين المشاهد والعروض المسرحية، لذا فقد اخترت الكتابة بلغةٍ مبسطةٍ خاليةٍ من المصطلحات والمفاهيم المسرحية المعقدة، لا تتخلى عن مبادئ وأسس النقد المسرحي العلمي والموضوعي.

ومع استعارتي لما كتبه الناقد المسرحي الراحل فاروق عبد القادر، وهو يفضل الكتابة النقدية عن العروض المسرحية التي يستمتع بها.. كانت طريقتي في اختيار العروض، بالإضافة إلى أن اختيار العروض خضع لحكم أن أكتب عن العرض الذي شاهدته حيّاً على خشبة المسرح، ومن ثم الاستعانة بالمشاهدة عبر تقنية الفيديو من أجل المزيد من التدقيق واختيار الملاحظات والأحكام النقدية. لذا فالقارئ يلاحظ أن تناولي كان فيه قدر كبير من التعاطف والاشادة واستجلاء مواطن الجمال الفنية الممتعة، والتي هي محط استنطاق الناقد.

وبلا شك فان قائمة العروض ليست جامعة مانعة فهناك العديد من العروض المسرحية الجديرة بالنقد والتأمل، مثل العرض الشهير

(باب البراحة)، للمخرج ناجي الحاي، والعرض الجميل (المهاجر) للمخرج الدكتور حبيب غلوم، والعرض المدهش (الظمأ) للمخرج فيصل الدرمكي، وعروض علي جمال المثيرة للدهشة والتساؤل، وعروض أحمد الأنصاري بلمستها الشاعرية، وعروض عمر غباش وخالد البناي، وعروض شباب المسرح الإماراتي حمد عبد الرزاق، محمد جمعة، وأحمد عبد الله راشد.

الطريقة الإجرائية في كتابة المقال النقدي، كانت تعتمد على استعراض موضوع العرض المسرحي، أحداثه، حبكته، وصراعاته، والبحث في الهدف الأعلى مع تناول عناصر العرض المسرحي من أداء تمثيلي في الإلقاء، الحركة، الجسد، عناصر الإضاءة، الموسيقى والمؤثرات الصوتية، الأزياء والمكياج، والسينوغرافيا بما تحتويه من ديكورات وإكسسوارات.

رحلة امتدت لما يزيد على العشرين عاماً، كنت شاهداً، بل منخرطاً في التجربة المسرحية الإماراتية. وقد أتيحت لي فرصة مشاهدة المئات من العروض المسرحية الإماراتية في مجالات مختلفة، وفي مهرجانات متنوعة مثل درة المهرجانات أيام الشارقة المسرحية، مهرجان المسرحيات القصيرة، مهرجان المسرح الصحراوي، مهرجان مسرح الطفل الإماراتي، عروض المسرح المدرسي، عروض المسرح الكشفي، عروض مهرجان دبي لمسرح الشباب، عروض مهرجان المونودراما، وعروض مهرجان المسرح الخليجي.

طوال سنواتٍ عدة شاركت في حضور العروض، والتعليق في الندوات التطبيقية والمساهمة بالمداخلات والأوراق في المؤتمرات المسرحية، والكتابات النقدية في الصحف ومجلات المسرح والمجلات الثقافية، في رحلة مثاقفة عامرة بالنظر والتذوق والنقد، أَثْرَت تجربتي النقدية وأضافت لها الكثير على مستوى التفاعل والمثاقفة.

شهدت جلساتُ المنتدى حواراتٍ ذاتَ طابع توثيقي وتعريفي، أضافت الكثير من المعلومات التوثيقية لمسيرة المسرحيين الإماراتيين، شهادات قدمت إسهاماً نظرياً جيداً في تناول قضايا تاريخ المسرح الإماراتي وإشكاليته وآفاق تطوره المستقبلي، دور المرأة في المسرح، المسرح المدرسي كرافد مهم من روافد المسرح الإماراتي، موضوعات النص، والإخراج في المسرح الإماراتي. تجربتي في إدارة منتدى الاثنين الإماراتي تجربة ألهمتني الكثير وأضافت على المستوى الشخصي، وعلى المستوى الموضوعي العام هي علامة متميزة في الإسهام النظري والتعليمي وخاصة مع غياب الدراسة الأكاديمية المنتظمة في مجال المسرح.

وفي ختام القراءة؛ يمكن الإشارة لبعض ملامح الإخراج لدى محمد العامري بأسلوبه المتميز في بناء الصورة المسرحية، وتشييد المعمار المسرحي ارْتِكازاً على أيقونةٍ ديكورية واحدة، غالباً ما تُستمد من التراث، والعناية بإدارة المجاميع في التشكيلات الحركية والرقصات الإيقاعية. وكذا حسن رجب في صرامة ضبط إيقاع

العرض المسرحي، حيث يندر أن تجد عرضاً مسرحيّاً لحسن رجب يسقط فيه الإيقاع، مع قدرته على إنتاج الكوميديا في كل عروضه المسرحية. ثم ناجي الحاي في واقعيته بأسلوب السهل الممتنع، والتقشف في استخدام عناصر العرض المسرحي الجمالية، في وضوح الرؤية الفكرية وعمقها، وبراعته في رسم الشخصيات وتحريكها وفق تركيبتها النفسية والاجتماعية.

لا شك أن تجربة العروض المسرحية الإماراتيّة، تشكّل منبَعاً للعديد من الدراسات والبحوث، عن أساليب الإخراج المسرحي وإلقاء الضوء على التميز الكبير في التعامل مع جماليات العرض المسرحي في فنيات الإضاءة والصوت والسينوغرافيا والموسيقي، والمزج بين أساليب عرض الصورة المسرحية مع عروض السينما والفيديو والأجهزة الإلكترونية الحديثة.

مسرحية مجاريح
الكلمة والصورة في لحن الحرية

مسرحية مجاريح للكاتب الإماراتي إسماعيل عبدالله، قدمت في خمس دول خليجية، ليعيد إخراجها المخرج الإماراتي محمد العامري. من إنتاج مسرح الشارقة الوطني، ويتوج بها بجائزة أفضل عمل متكامل في مهرجان أيام الشارقة المسرحية.

النص يحكي عن العبد فيروز، عضو الفرقة الموسيقية، بعد أن نجح في نجدة وإنقاذ ميثاء، ابنة أحد سادة القبيلة، وشريكته في علاقة حب رومانسية. يتقدم العبد فيروز للزواج ويصدم برفض قوي وجارح من السيد غانم بن سيف، ليقرر المغامرة بالدخول إلى معسكر الجيش الإنجليزي والوصول إلى الخشبة وانتزاع صك حريته. مما يمنحه حرية بقوة القانون، لا تعترف بها أعراف المجتمع. يدبر مع صديقه خيري حيلة في حفل زواج ميثاء وينجح في تسهيل هروبها والرحيل بعيداً عن مضارب القبيلة. تدور الأيام وتكبر ابنته عذية،

ليمارس سلطة أبوية ديكتاتورية محاولاً تزويجها لابن صديقه خيري. ترفض الابنة وتعلن حريتها في الاختيار.

النص كتب بلهجة عامية إماراتية جزلة ومحكمة، أضفت عليه جبروت لغة إسماعيل عبدالله وقوتها التي تميزها.. مع ظلال صياغات لغوية بمفردات لامست تخوم التعبير الشعري الخالص. كمثال للغة النص الشعرية، نورد الحوار الرومانسي بين فيروز وميثاء؛ وهو يحلم ويسرد وعوده لها وأحلامه لعرسهما ويقول: (بسوليك عرس لا صار ولا استوى، بنخلي القلوب تدق قبل الطبول، والأرواح تصفق قبل الكفوف. عرس يولد مع خيوط الفجر، بعزم فيه القمر، وأرقِص الشجر، وأخلي النخيل تنعش لولو وخلاص نثور لعيونج، والبحر احنى السيفة صهيل ويباب، والغيوم تزرف مطر بكل الألوان يغسل الدنيا ويطهر السكيك والفرجان ويزرع ايامنا هنا ومواويل. عرس تزرفنا فيه الطيور بريش أبيض وسط بساتين الجوري والفل والياسمين، عرس بكسي فيه طبلي ذهب وحباله من صبر وتعب، ودقاته أحلام ولهب، وبأتم أدق أدق لين ما شمسنا الدافئة تستنزل ظلال، والأرض تصرخ يارج الله ما رأت عيني مثل هذا الدلال). وكان النص هو التحدي الأول للمخرج العامري، حتى يختط مساراً بصرياً يناور ويحاور مسار النص اللفظي اللغوي.

بنية النص تدور حول فكرة مركزية، وهي فكرة الحرية.. متى يصبح الإنسان عبداً؟ وكيف يتمرد على واقع اجتماعي ظالم يحكم

على فردٍ من أفراده بالعبودية بسبب اللون والتفاوت الطبقي؟ لينحاز الكاتب لحرية إنسان يرفض أن تُكسر إرادته وينتصر لإنسانيته وحُبه، وإن فشل في الوقوف في صف حرية وخيارات ابنته. كما يعلي الكاتب من مكانة المرأة، فميثاء التي ضحت من أجل خياراتها ومن أجل زوجها، تقف في وجهه وترفض إهانته عندما صفعها، والابنة عذية لم يمنعها حبها واحترامها لأبيها من معارضته والدفاع عن حريتها في الاختيار.

في إخراجه للعرض عمل العامري على تجاوز نقل واقع الحالات الاجتماعية وما يحيط بها من أعراف وعادات وتقاليد، ليبدعها بصيغ جمالية وتعبيرية متوسلاً بالشعر، التشكيل، الرقص، والموسيقى.

ارتكزت سينوغرافيا العرض على أيقونة علاماتية هي الحبال، في مساحة خالية وفي فضاء الخشبة من أعلى إلى أسفل وفي الأطراف، مع فوانيس معلقة مضاءة وحبال متقطعة صغيرة نابتة أسفل الخشبة، وأزياء ملونة بألوان إفريقية حارة؛ حمراء وصفراء وبرتقالية. وأضاف العامري مشهداً طريفاً، وهو نزول الذهبة (وهي الهدايا التي تقدم للعروس) من أعلى الخشبة مزدانة بالملابس الملونة والمفارش والعطور، وتحولت الطبول من قطع إكسسوارية شكّلها أفراد الفريق الاستعراضي، إلى مفردة ديكورية ليتوسط الخشبةَ عمودٌ خشبيٌّ، عُلقت عليه صكوك وقيود حديدية. عمد المخرج إلى أسلبة المساحة الخالية بمفردات بسيطة، تناغمت مع حركة وأجساد الفرقة الاستعراضية.

موسيقى العرض مزجت بين آلة النفخ الشعبية الهبان (وهي آلة موسيقية تشبه القرب الإسكتلندية الشهيرة)، وطبول إيقاعية متنوعة. زاوجت الموسيقى بين البعد الجمالي النغمي، وبين البعد الدرامي. ففي مشهد الحوار اللفظي القوي بين غانم السيد وفيروز العبد، بعد أن نال حريته، نجد معادلاً موسيقيّاً تراشقيّاً يتناغم مع الحوار اللفظي، فعندما يقول غانم: (عمك غانم يا كلب) يصيح للفرقة (دقوا)، فتهدر الطبول. يوقفهم فيروز ويرد: (انت اللي تشخر وما تدري عن هواء دارك، دقوا)، فتنطلق الطبول، في مبارزة صوتية صاخبة، تحاكي صوت السيد وصوت العبد. وصدحت الموسيقى في فضاء المتعة والفرح في مشهد استقبال فيروز بعد عودته حاملاً صك الحرية، وفي مشهد حفل زفاف ميثاء، وفي فقرة الشويبة (وهي اسكتش فكاهي من التراث الشعبي الإماراتي تحكي عن امرأة تشتكي للقاضي ويظهر مهرج يرتدي زي القرد، ورجل يرقص في زي امرأة)، وسط هذه الأجواء التهريجية، يدبر فيروز حيلة هروب ميثاء بمساعدة صديقه خيري. ومن المشاهد ذات الخصوصية الثقافية الإماراتية، استعار العامري مشهد الحديدة وهي معلقة في عمود خشبي يتوسط معسكر الجيش الإنجليزي، مَن يصلها من العبيد يحصل على حريته القانونية بحماية سلطة الإنجليز.

جاء مشهد ختام العرض بلفتة ذكية، شهدنا فيها غانم السيد المتسلط يطارد بقعاً ضوئية بسوطه الذي طالما ألهب به ظهر العبيد،

يضرب البقعة الضوئية فتنطفئ لتسطع من جديد في مكان آخر، وهو يلهث خلفها عبثاً، يحاول إطفاء نور الحرية الساطع بقوة الإرادة وحتمية الانعتاق.

أعاد العرض الفنان الكبير د. حبيب غلوم للخشبة، ليقوم بدور غانم الديكتاتور المتسلط عصبي الرؤية والمزاج، وقدم موسى البقيشي أداءً قويّاً في دور فيروز، ونجح ناجي في التواصل مع ضحكات الجمهور في أدائه الكوميدي السلس لشخصية مال الله، وكعادتها تألقت بدور في دور ميثاء وحصدت جائزة أفضل ممثلة دور أول، لتهدي جائزة أفضل ممثلة دور ثاني لرفيقتها سارة في دور عذية.

كما حصل العرض على جائزة أفضل عرض مسرحي متكامل وجائزة أفضل أزياء وجائزة أفضل مؤثرات موسيقية، وجائزة أفضل دور أول/ نساء، وأفضل دور ثاني/ نساء.

مسرحية ألف ليلة وديك

هل صمت الديك عن الصياح؟

مسرحية ألف ليلة وديك من إنتاج مسرح الشباب للفنون، تأليف طلال محمد، وإخراج مروان عبدالله. شارك العرض في الدورة الثانية والعشرين من أيام الشارقة المسرحية 2012، وحصل على جائزة أفضل إخراج، وقُدم أيضاً في مهرجان دبي لمسرح الشباب وفي عدد من مدن الدولة.

عنوان النص عتبة نصية أولى حسب النقد البنيوي، هو عنوان لافت للانتباه يستدعي من المخيلة قصة ألف ليلة وليلة الأشهر، مقرونة بمفردة الديك، ليتبادر السؤال في الذهن (ما الذي يقحم الديك في حكاية ألف ليلة وليلة؟).

يحكي النص باللهجة الإماراتية نسيجاً جديداً مستمدّاً من ألف ليلة وليلة، بتطريز جديد فيه من الاتصال والانفصال مع النص التاريخي. من مظاهر الاتصال عنوان النص الذي ترد فيه عبارة

ألف ليلة. كذلك المناظر والأزياء والإكسسوار وأسماء الشخصيات بنمطيتها ذات الطابع التاريخي مثل: شهريار، شهرزاد، الخليفة، الجارية، الوزير، المهرج، والراوي. والانفصال يبدأ من الموضوع، فحين كانت الحكاية الأصلية عن شهريار، بعد أن خانته زوجته يقرر الزواج كل يوم من عذراء ثم يقتلها، حتى جاءت شهرزاد وأطالت معه حبل الصبر بسرد حكايات تمتد لألف ليلة وليلة؛ جاءت حكاية طلال محمود بشخصية رئيسية، وهي الديك رمزاً للأمل، الحرية، الثورة، الذكورة، والعنفوان.

نص طلال ينطلق بعد قرار الخليفة قتل الديك، ثم تحاول شهرزاد البحث عن الديك لتقود رحلة البحث إلى سوق الحرامية والخان، حيث تتعرف وتتلمس حال الفقراء ومعاناتهم في حكايات متفرقة، تعمل على بث روح الثورة والتمرد، لتنتهي الحكاية بمشهد انتفاضة الفقراء والثورة ضد السلطة.

عمل المخرج مروان على تحويل النص إلى عرض مسرحي ممتع، بتكامل عناصر الفرجة المسرحية. يبدأ العرض بمشهد موكب شهريار يدخل ساحة القصر. يتضخم المشهد، واقترانه مع صور خيال الظل يُكسبه الهيبة، ثم تتوالى الأحداث في رحلة البحث عن الديك، وفيها تتعرف شهرزاد على معاناة الفقراء من أفراد الشعب في البحث عن لقمة العيش، والتحايل بالسرقة والانغماس في شرب الخمور في الخان، تحاورهم وتحرضهم على الثورة، ليقتحم الشعب القصر في مشهد الختام.

سينوغرافيا العرض شُيدت على مساحة خالية مع خلق ديكور متطور، فعال، ومتفاعل مع الأحداث باقتراحات إخراجية، كانت عبارة عن قوس من القماش الأبيض، استخدم كشاشة خيال ظل مع أقنعة ومظلات ومهفات هواء من ريش النعام، عكست دلالات فكرة مقاومة الاستبداد لشعب لا يريد أن يكون أصم وأبكم. كما ساعدت الإضاءة المبدعة في إكساب الديكور المرونة والسرعة في الانتقال من مشهد إلى آخر، ومن مكان إلى آخر، بمساعدة مسرح خيال الظل، فمن القصر ننتقل إلى سوق الحرامية، ومنه إلى الخان، في يسر وسلاسة، حافظت على حيوية وجمال إيقاع العرض.

من عناصر العرض الفاعلة، كانت الموسيقى المنطلقة الحية على الخشبة بنغمات العود والكمان وضربات آلات الإيقاع الحية، وبمشاركة الإنشاد والغناء الأندلسي، الذي أضفى طابعاً تراثياً على المشاهد.

اختار المخرج أزياء تراثية منسجمة مع ما يروى عن حكايات شهريار، في ملابسه الفاخرة الغالية بتاج مرصع بالجواهر، وأزياء شهرزاد الملونة الجميلة وأسمال يرتديها الفقراء. نجح المخرج مروان في خلق متعة بصرية سمعية بتضافر جماليات السينوغرافيا والإضاءة والإكسسوارات والموسيقى الحية، والأداء الرشيق من طاقم التمثيل، وخاصة الفنانة (بدور) في شخصية شهرزاد، وحصولها على جائزة أفضل ممثلة، والفنانة (نصرة) في دور الجارية، وحصولها على

جائزة أفضل ممثلة واعدة، والفنان (أحمد مال الله) في دور حرامي الطيور، الذي نجح في خلق تواصل حميم ومرح مع جمهور العرض، متجاوزاً بعض هنات النص، وخاصة فكرة انتقال الجماهير لحالة الثورة دون التمهيد الدرامي الكافي لمسيرة اكتساب الوعي، والانتقال من حالة السكون والانصياع لذروة الانتفاض، والتي توجت بعبارة شهر زاد في نهاية العرض مخاطبة شهريار.

العرض أكد نجاح ثنائية المؤلف طلال محمود مع المخرج مروان عبدالله في مشوارهما الفني القائم على التعاون والانسجام. ونال إعجاب الجمهور، وتقريظ النقاد محققاً معادلة العرض المسرحي الجدير بالمنافسة في المهرجانات المسرحية، وفي الوقت نفسه؛ هو عرض جماهيري بامتياز، يستحق أن يطوف على مختلف مسارح الدولة، ويُقدَّم لجميع فئات المجتمع.

مسرحية اللوال

نلنا اللوال وأسعدنا اللوال

مسرحية اللوال من إنتاج مسرح الشارقة الوطني، تأليف الكاتب المسرحي الكبير إسماعيل عبدالله، إخراج محمد العامري، وأداء كل من: محمد إسماعيل، عائشة عبدالرحمن، سعيد بتيجا، ناجي خميس، أحمد عبدالرزاق، محمد يوسف، وأحمد فراشة. شاركت مسرحية اللوال في الدورة السابعة عشرة لأيام الشارقة المسرحية، وحصدت عدداً كبيراً من الجوائز، كما حصدت جائزة أفضل عمل متكامل، وأفضل اخراج، وأفضل تأليف في مهرجان المسرح الخليجي بالكويت. اللوال مفردة شعبية من زمن الغوص، تقال للترحيب بالبحارة فرحة بعودتهم من غياب طويل في رحلات البحر الخطرة، (تستأهل اللوال) أي تستحق ما عليك.

يحكى النص في المنطقة المجربة لإسماعيل عبدالله؛ ماضي الغوص والإبحار وشظف العيش (وإن جاءت بعض الانتقادات لموضوعات إسماعيل، إلا أن منطق النقد يحاكم العمل بجودته

وبنائه الدرامي وليس بموضوعه)، عن قرية ساحلية يسيطر عليها نوخذة يأمر السكان من البحارة بالذهاب إلى رحلةٍ بحريةٍ خطرة، للبحث عن كنزٍ حلم به في المنام. يبحرون فتتحطم السفينة ويعودون بخيبة عدم العثور على كنزٍ متخَيّل في أوهام النوخذة. يؤطر أحداث المسرحية صراع واضح المعالم والأطراف، يقف في جانب منه النوخذة بكل سلطته وجبروته، وفي جانبٍ آخر يصطف أهل القرية مع النهام المجنون صاحب الحكمة والتوقع، فتبدو الحكاية في إطارها الخارجي الظاهري، حكاية بسيطة الصراع في رقعة جغرافية محددة، وفي زمن غابر، وإن اعتملت داخلها إرهاصات لتأويلات وتفاسير رمزية كبرى، في لغة شاعرية تميز بها الكاتب إسماعيل عبدالله، نسجت الحكاية بأحداثها وصراعاتها وحواراتها القوية النابضة، مثل حوار الفتاة مع النهام وهو يقول لها: (سيري قولي نهمتك على قلوب تفهما)، فترد الفتاة (أنا متل كل بنت توقف على شاطئ البحر وقلبها يرفرف وسط القفال على السيفة وترسم صورتها على كل زند غيم راجع وتتخيله فارس أحلامها، وفجأة الشمس ضحكتلي من دون البنات كلهن، لأني مسكت الحلم بأيديه وفارس أحلامي اللي ينش قلبي عليه رد الجواب وقبل الحلم يكتمل طار الغربان لاين انطفأ). وفي نسيج متماسك يصعب الحذف منه أو الإضافة عليه، ليتجاوز المخرج العامري هذه الصعوبة بالحوار المستمر والنقاش مع الكاتب، حتى صُنعت كيمياء الانسجام بين قدرة وأسلوبية الكاتب، وموهبة وإبداع المخرج.

في العرض ترجمت الرؤية الفكرية الفلسفية للنص مع اقتراحات الإخراج والرؤية البصرية كمعادل موضوعي للنص اللفظي، في علامات واستعارات بصرية. اشتغل العامري على مساحة خالية، جاءت الحبال كمفردة أيقونة واحدة مسيطرة ومشكلة للفضاء. توزعت الحبال أفقيّاً ورأسيّاً على خشبة المسرح، ووصلت حتى لأزياء الممثلين، في استخدام ذكي للحبل كأداة مهمة للبحار في رحلاته البحرية وفي حياته على اليابسة. كما غلب اللون البني على الإكسسوارات والملابس موحياً بحالة الفقر، وشظف العيش والقِدم والعتمة.

في هذا العرض بدأت ملامح أسلوب العامري الإخراجية تتضح وترسخ أكثر من عروض (آه قلبي) و(دهن عود)، لتكتب ملامحها الخاصة بالاعتماد على عناصر ذات ملامح مميزة، في الديكور وسط فضاء فارغ، مع أيقونة ديكورية واحدة، بمثابة رمانة، وارتكاز الشكل، وهي الحبال مع إكسسوارات شعبية، مثل المبخر والفرن (الفانوس) وطست الغسيل وسعف النخيل، وفي تطويع حركة جسد المجاميع بتشكيلات حركية إيقاعية مشاركة ومعلقة على الحدث، لا تقحم بمجانية وإنما وفقاً لضرورات درامية في أسلوب إخراجي، ينهل من مناهج إخراجية متنوعة، من المسرح الاحتفالي ومسرح الصورة ومسرح الاستعراض. جمال العامري عرض بطقوس أدائية من صميم المجتمع الإماراتي، مثل أهازيج ومواويل النهام بحركات إيقاعية محلية شعبية، وأغاني البحارة الغارقة في الحزن والشجن.

بصوت غليظ من الفنان سعيد بتيجا وفي مشهد طقسي ساحر، يتم تعميد، بغسل النهام بماء البحر، باحتفالٍ وأغانٍ وأهازيجَ، قد تتشابه مع طقوس التعميد في مياه النيل عند قدماء الفراعنة.

موسيقى العرض تناغمت مع الصور ومناخ الأماكن وتاريخ فترة الأحداث بالاعتماد على الطبول الإيقاعية بضرباته القوية، وأغاني البحارة وأهازيجهم ومواويلهم بصوت بشري قوي النبرة والتعبير.

مسرحية النمرود

ولنا في التاريخ دروس وعبر

مسرحية النمرود من تأليف سمو الشيخ سلطان القاسمي، إخراج المخرج التونسي الراحل المنصف السويسي، إنتاج مسرح الشارقة الوطني، وبمشاركة كوكبة من نجوم المسرح الإماراتي، مثل: أحمد الجسمي، وأحمد عبدالرزاق. عرضت في افتتاح الدورة الثامنة عشرة لأيام الشارقة المسرحية في عام 2008، كما طافت على عدد من الدول الأجنبية في روسيا، كندا، رومانيا، والسويد على مدى عشر سنوات.

النمرود خامسة نصوص سمو الشيخ سلطان بعد (الواقع)، (صورة طبق الأصل) (شمشون الجبار)، (القضية)، و(الإسكندر الأكبر). اتكأ النص على حكاية النمرود كما وردت في القرآن الكريم، كما أرخ لها الطبري وابن كثير، وكما أشارت لها كتب التوراة والإنجيل عن لقاء النمرود بسيدنا إبراهيم عليه السلام، ومناظرته له. النمرود هو كنعان بن حام بن كوش.

العودة إلى معين التاريخ الذي لا ينضب، رافقت النصوص المسرحية من عهود النشأة عند اليونان بمسرحية الفرس (إسخيليوس) حتى عصر شكسبير وبريخت وكُتاب المسرح العرب أمثال: عبدالرحمن الشرقاوي، الفريد فرج، سعد الله ونوس، عزالدين المدني، وقاسم محمد.

استلهام الحكايات التاريخية في مسرحيات سمو الشيخ، هي دعوة للنظر والتأمل والاعتبار، لإيقاظ الوعي بالحاضر عطفاً على الماضي، إشارةً على مواطن الجروح وإلى مزالق الطريق، هي صيحة تحذير وانتباه (يا قوم حدث ما حدث في الماضي فكيف لنا أن نسير بعماء في الحاضر نحو المستقبل دون أن نستفيق). قصة النمرود الطاغية المستبد الطائش الناكر، ما انفكت تتواتر حتى عصرنا الحديث، ستالين في روسيا، تشاوشيسكو في رومانيا، وموغابي في زيمبابوي.

المسرحية قسمت إلى ثلاثة فصول، في الفصل الأول ثلاثة مشاهد، وفي الفصل الثاني مشهدان، وفي الفصل الثالث ثلاثة مشاهد.

بلغة الدراما المقتصدة، تمضي الأحداث بأبعادها التاريخية الأسطورية في بناء سردي جديد، رتبت حبكته على محور شخصية النمرود بنسيج بارع صور تحولات الشخصية من إنسان عادي إلى حاكم، ومن المغرور بسبب الانتصارات إلى مجنونٍ بعظمة، يتطاول على الآلهة، ثم الانحدار لمواجهة موت طقسي على يد أضعف كائنات الأرض. سيرورة حكاية النمرود تصلح لتصوير هيئة الحاكم المستبد على مر العصور وعلى مختلف الأزمنة والأمكنة.

في براعة استهلال، يطلق المخرج المنصف مشاهدهُ الجميلة لفترة 15 دقيقة، يدخل أفراد من الشعب زحفاً وهم يتحركون وكأنهم يجدفون في سفينة بأداء حركي صامت، يستعرضون أسلوب حياتهم في الزراعة والرعي والصيد، مع استعراض لصور التعذيب على يد حاكمهم السابق الضحاك، وبعد أن يلجؤوا لاستدعاء النمرود المنتشي بالانتصار، يصعد الصراع الدرامي والشخصية تتحول إلى الغرور، وبين الخيال والهلوسة يتحدث عن رحلة متوهمة إلى السماء، حملته إليها النسور وصولاً إلى جنون العظمة (البارانويا)، ليصبح «أنا ربكم الأعلى» (قوله أنا ربكم الأعلى أعطيكم طعاماً). يهزأ النمرود طالباً من الشعب الاستعداد لحرب لا يعرفون من العدو فيها؟ وضدّ من هي؟. مهد الكاتب بهذه الأقوال والأفعال المتجاوزة والشاطحة لتعميق مفارقة النهاية، بموت طقسي على يد أضعف كائنات الأرض وهي البعوض.

أتاح النص وتاريخية تماسه مع الحكايات الأسطورية، الطريق للمخرج لتحويله من الملفوظ المسموع إلى المتجسد المرئي وسط سينوغرافيا تجريدية، ارتكزت إلى المساحة الخالية وعدد بسيط من قطع الديكور؛ منصات خشبية، شاشة عرض خلفية، كرسي ضخم للحاكم النمرود، وعدد قليل من الإكسسوارات من الفوانيس والرايات الملونة والسيوف، فكيف نجح المخرج في ملء الفراغ العريض؟ أجساد الممثلين في التشكيلات الفردية والجماعية؛ المنضبطة في

الإيقاع بعد تدريبات مكثفة، غطت الفراغ محافظةً على الميزانين على يمين وعلى يسار المسرح. كما لعبت الإضاءة أدواراً مهمة في بناء مشهد السينوغرافيا والتحكم في الانتقالات الزمانية والمكانية، فغُمرت الخشبة بأضواء زرقاء وصفراء وحمراء، تناسب الموقف والمشهد الدرامي مع الاستخدام الذكي للشاشة الخلفية بالاندماج مع تفاصيل السينوغرافيا لكل مشهد. أسهمت الأزياء في تشكيل السينوغرافيا بصبغتها التاريخية في ملابس الحكام والوزراء وعامة الشعب. موسيقى العرض تشكلت من ثلاثة عناصر هي طبول إيقاعات، آلات إيقاع نحاسية، وآلة نفخ عزفت حية على الخشبة، أكسبت العرض جمالية وأبعاداً درامية مصاحبة ومكثفة للحدث الدرامي. ارتدت الشخصيات الأقنعة بما يمكن تفسيره بالإشارة إلى هشاشة الشخصيات وطابعها الكرتوني المزيف، ولا إنسانيتها.

من المشاهد الجميلة في العرض؛ مشهد الافتتاح بالحركة الجماعية والسير زحفاً من يمين المسرح إلى يساره ومن يساره إلى اليمين، وسط إضاءات جميلة. بالإضافة إلى مشهد الختام لتصوير الموت الطقسي للنمرود، بعد مهاجمة البعوض ومع أصوات الموسيقى المرتفعة، جسدت في الشاشة الخلفية منظر الغيوم مضطربة متحركة بعنف مع تصاعد الدخان. نهاية مأساوية تظل عالقة طويلاً في خيال المشاهدة.

مسرحية بين الجد والهزل

كوميديا سوداء لواقع مأزوم

مسرحية بين الجد والهزل من إنتاج مسرح الفجيرة القومي، إخراج حسن رجب، وتأليف جمال صقر. شاركت في الدورة السابعة والعشرين لأيام الشارقة المسرحية لعام 2017 وحصدت جائزة أفضل عرض متكامل.

النص اجتهد في تناول موضوع التطرف والإرهاب عبر الكوميديا السوداء، باستخدام السخرية والتشنيع، وإضفاء الفكاهة والمرح وسط مناخات تراجيدية تحفها أصوات الرصاص والقنابل واقتراب الموت. حكاية صديقين من أبناء الحارة (صلوح) المكني نفسه بأبي الحارث النعماني و(الطنبورة) المكني نفسه بأبي حذيفة الحمداني. يلتحق الصديقان بتنظيم متطرف وتدور بينهما حوارات عن معاني الشهادة والإيمان والتضحية، وهم في حيرة من أمرهما، وسط تهديدات قائدهم المكنى بالقعقاع، يتعرضون لكمين من مجموعة عسكرية أجنبية، يُقتل صلوح، ثم يسمع الطنبورة مونولوجات لفتيات

عربيات، يتحدثن باللهجة الإماراتية والعمانية والسورية والفلسطينية والتونسية، حكايات عما تعرضن له من مآسٍ، وتنتهي الحكاية بمونولوج طويل من الطنبورة يقول (نحنا ضميرنا جوعان الحقد والحزن نشف دواخلنا. صرنا نردد النميمة بأعلى صوت. في زمن الغلط المباح نصفق له. إذا رجعنا لمعنى كلمة إنسان نقدر نغير أشياء وايد في حياتنا).

حاول النص مقاربة للراهن السياسي والحدث اليومي بعد تفشي ظاهرة الإرهاب في إطار أسلوب كوميدي به ملامح كوميديا مثل؛ الفارس والكباريه، السياسي، كوميديا الفضح والتعرية، والتي شارفت حافة الانزلاق إلى التبسيط في مناقشة قضايا اجتماعية وسياسية خطيرة، تحتاج إلى رؤية نقدية ومعرفية ناضجة وعميقة تسبر أغوار الظاهرة وتحليل أسبابها الاجتماعية، النفسية، والفكرية.

نجحت الكوميديا في خلق علاقة تواصلية ممتدة مع الجمهور، وانتزعت الضحكات والتصفيق بأداء صاحب الحضور الكوميدي المميز الفنان حسن يوسف والفنان حسن رجب، بنكات لفظية مثل ما ذكره الطنبورة وهو يسأل صلوح في أرض المعركة: منذ متى وأنت تداوم هنا؟ وعبارة جوازاتنا جردونا منها نحن هنا بدون، وكوميديا الموقف والحركة في سخرية القعقاع من اسم الطنبورة، بمصاحبة أداء حركي بأصوات وأجساد المجاميع، وكوميديا حركية، في مشهد خوف صلوح من جاكيته المفخخ.

في الإخراج اختار حسن رجب سينوغرافيا المساحة الخالية، التي أصبحت من سمات أسلوب الإخراج عند عدد كبير من مخرجي المسرح الإماراتي، مع الاستعانة بمفردة ديكورية مركزية واحدة، هي مجموعة من الصناديق الخشبية باستخدامات متنوعة، نجدها تستخدم كمقاعد للجلوس، ومرة أخرى تستخدم كساتر عسكري في أرض المعركة، وتارة أخرى، تستخدم كآلة إيقاعية في استعراض مجاميع الجنود. شكلت تلك الصناديق الخشبية ديكورَ مشاهدِ العرض الخمسة، منذ مشهد بيت عزاء في الأول، ثم مشهد التقاء صلوح مع الطنبورة في أرض المعركة، ومشهد دخول القائد القعقاع مع مجموعة من المقاتلين، ثم مشهد دخول فرقة الجنود الأجانب مع قائدهم، وفي الختام مشهد الفتيات العربيات أسفل البقع الضوئية.

من عناصر نجاح العرض، كان الأداء بحضور مسرحي لافت من الممثلين جمال السميطي، حسن يوسف، وحسن رجب، بمواهبهم الكوميدية الصوتية والحركية، وبالقفشات الذكية الساخرة، والتلاعب بمفردات اللغة، في أعماق اللهجة الشعبية الإماراتية.

أزياء العرض توزعت بين الزي العسكري، لشباب المجموعات القتالية الشبيه بالأفغان: بزة عسكرية مرقطة مع سروال فضفاض وأغطية رأس من الأقمشة السوداء، مصاحبة بإكسسوارات غلبتْ عليها أدوات الأسلحة، من بنادق ورشاشات كلاشنكوف وآر بي جي.

الموسيقى أُنتجت حية على الخشبة بأصوات إيقاعية مع الاستعانة بمقاطعَ لأصوات الانفجارات، بالمؤثرات الصوتية. نجحت الإضاءة في إضفاء جمالية للصورة المسرحية، بألوانها الزرقاء، وتوزيع متقن للبقع الضوئية، لتجسيد الانتقالات الزمكانية، وتكثيف الحدث الدرامي بتركيز البقعة على الشخصية الأكثر حضوراً وتأثيراً في المشهد المسرحي.

الخاتمة جاءت مباغتة، وتختلف عن مسار الحدث الدرامي الكوميدي، بتحول شخصية الطنبورة في الوجه الختامي إلى صوت المرشد الناصح، حول خطورة الإرهاب وأهمية العودة للذات في خطاب سياسي مباشر، دون التمهيد لكيفية حدوث التحول في الشخصية.

مسرحية حرب النعل

النعال في وجه الظالم

من تأليف إسماعيل عبدالله، إخراج محمد العامري، إنتاج مسرح الشارقة الوطني، وأداء كل من: أحمد الجسمي، عبدالله صالح، حميد سمبيج، مروان عبدالله، بدور، أحمد مال الله، وناجى جمعة. شارك العرض في مهرجان أيام الشارقة المسرحية/ الدورة الواحدة والعشرون لعام 2011، وقدم في الموسم المسرحي الصيفي وفي دولة الكويت.

الحكاية عن الحوت النوخذة الظالم، الرجل المتنفذ يسيطر على قرية الصيادين الفقراء، يمنعهم من الصيد بمساعدة وكيله الخبيث، ويتسبب في مقتل والد الفتاة حور المقاومة لنفوذه، ومعها جدها الضرير الصنقل، سكير القرية التائه؛ هو شاهد وضحية حاول الوقوف منفرداً في وجه الحوت، وبعد الهزيمة غرق في إدمان الخمر. العامة يخافون من قطط متوحشة تهجم على السمك فيتخذون النعال وسيلة للدفاع.

على سطح النص تبدو الحكاية بريئة ومحلية الهم والهواجس، وفي أعماق النص نجد الإسقاطات السياسية وقضايا الدفاع عن الوطن، ضد أطماع محيطة من كل جانب. فانتازيا من التشظي والطغيان خوفاً ورعباً من ذوبان الهوية، عبرت عنها جملة (أخاف من يوم ما نقدر نشوف البحر ولا حتى نشوف السيف ومن نخر السوس في الداخل توازياً مع مطامع الخارج الموصوف بالحاسد على نعمتنا).

الإخراج اختار سينوغرافيا شديدة المحلية والخصوصية، أحاطت بالمشاهد خارج الخشبة، وامتدت إلى مدخل مبنى قصر الثقافة، حولها أسماك مجففة وعلى الخشبة أعواد الخشب الضخمة، تشكلت جنادل هرمية بثلاث قطع خشبية، ومجموعة من العصي، حمل إحداها الحوت، ولها حواف مدببة قاسية، وحمل الأخرى الجد، يستخدمها في تحسس الطريق للأعمى. وظفت مجموعة عصي كمطارق إيقاعية على الخشبة على أيدي المجاميع. مجموعة الأعواد الضخمة أيضاً رسمت شكل السفينة، والإكسسوارات كانت مجموعة من الحبال الغليظة وعشرات من النعال. السينوغرافيا جاءت على المستوى الأفقي، موزعة على الخشبة، ونَدُر استخدام المستوى الرأسي إلا في عدد قليل من الصور.

المشهد الأول عُرض في مكان على الساحل، في خلفيته مجموعة من الأعمدة الخشبية، واستمر هذا المشهد الطويل نصف ساعة، تحاورت فيه الابنة حور مع جدها. المشهد الثاني: جنادل على

شكل هرمي على يمين وعلى يسار الخشبة، وخلفها رأسيّاً نصبت الأعمدة الخشبية، ومع جماليات الإضاءة، بدت الصورة المسرحية زاهية ومريحة لعين المشاهد. المشهد الثالث يبدو على شاطئ البحر والقطط تهاجم الصيادين وترتدي أزياء حمراء مخططة مع إضاءة حمراء، وصوت مواء القطط بمصاحبة موسيقى صاخبة وإيقاعات قوية. في المشهد الرابع تتحور الأعمدة الخشبية لتجسد سفينة بها المجداف والصاري.

المشهد الخامس، في مقبرة أهل القرية، يتحسرون على خسرانهم المعركة ووفاة خمسة من أبناء القرية، والحوت يحاول استثمار خوفهم من أجل المزيد من السيطرة والاستغلال. المشهد السادس: الخشبة فارغة فيما عدا قطعتين من الجنادل والفتاة حور تبشر الأهالي بقدوم مولود، وكانت المفاجأة أنه يحمل رأس قط وجسد إنسان. يُختتم العرض بمشهد نزول قطعة قماش خيمة أو بقجة ضخمة، تحمل الأشياء وتصعد إلى أعلى.

اختار المخرج الأسلوب الكوميدي الفنتازي كإطار عام، في ثناياه مقالات وخطابات عميقة عن الظلم، الجشع، المقاومة، الصمود، والخطر المحدق من الخارج، ساعد في نجاحه توفر قامات أداء مسرحي، مثل الممثل الكبير أحمد الجسمي بقامته الفارهة، وصوته القوي بتقمص شخصية الطاغية المتجبر متلوناً كهرباء في لحظات استدرار تعاطف الأهالي، من أجل المزيد من الاستغلال. من القفشات

الكوميدية توبيخه لهم، لعدم إجادتهم استخدام النعال في الهجوم على القطط قائلاً: (ما تعرفون ضرب النعل، النعل اليمنى للفأرة، والنعل الشمال للشرطة والشرطة نصف المرجلة). أما في دور الجد فقد قدم الممثل عبدالله صالح أداءً ميلودرامياً مؤثراً متقمصاً شخصية الأعمى في حركته الحذرة البطيئة، وفي استدارة الوجه عند الإصغاء للحديث. أما بالنسبة للممثلة بدور، فقد اجتهدت في تقديم شخصية حور؛ الفتاة القوية المصادمة والشجاعة في مواجهة الحوت والصراخ في وجهه، وإن شاب أداءها بعض التشنج والانفعال القوي. الممثل مروان عبدالله في شخصية الصنقل، يتميز بمرونة جسدية وحضور ذهني بملامح أداء كوميدي ومشاهد الرجل السكران. الراحل المبدع حميد سمبيج طوع خامة صوته المتميزة في أداء شخصية وكيل الحوت؛ المداهن الثعلبي وهو ينتقل بين الحوت والأهالي مقدماً النصائح المسممة. من ضمن جوقة الأهالي برز أحمد مال الله في الأداء الكوميدي ومعه ناجي جمعة، مما أضفى على العرض روح الدعابة الممتعة والمسلية.

مسرحية حطبة التوبة
العامري في إطلالته الأولى

من تأليف وإخراج محمد العامري، إنتاج مسرح الشباب للفنون، شاركت في الدورة الرابعة عشرة لأيام الشارقة المسرحية لعام 2004، وتعد من التجارب الإخراجية المبكرة لمحمد العامري.

تحكي عن النوخذة الصغير «أبو حارب»، الذي قتل النوخذة الكبير واستولى على سفينته، لتدور الأيام ويرتبط حارب ابن النوخذة القتيل بابنة القاتل، ليبدأ صراع الخير والشر، إلى ذروته، حيث تقدم حارب للزواج من محبوبته، ويرفض الأب، تحاوره أم حارب وتطلب منه الموافقة، وعند الرفض تواجهه بمعرفتها بسر قتله لزوجها. في بناء سردي دائري، افتتح بنواح الأم على زوجها المقتول غدراً، وانتهاء بمشهد نواح الأم نفسه، في انتقال من ماضي الأحداث إلى حاضرها. الصراع الأساسي في النص، كان بين سلطة النوخذة المسيطر، وبين تمرد الشاب حارب، تفرع عنه صراع عاطفي في علاقة الحب، بين حارب وابنة النوخذة، في مواجهة النوخذة.

الحكاية شعبية تتناول فترة تاريخية، كانت مجالاً خصباً لتناول كُتاب المسرح في الإمارات فترة الغوص، وصراعات الأهالي لكسب العيش، بالعمل في السفن ومكابدة ظلم وجبروت النواخذة. حطبة التوبة تاريخيّاً هي عمود ضخم من الخشب يرفع على سفينة الغوص، ويستخدم داخل السفينة، لربط ومعاقبة البحار المتكاسل عن العمل. بعد احتراق الجالبوت حمل ما تبقى من الدقل، ونصب أمام حصن الشارقة، وفي اليابسة أيضاً، استخدم في ربط ومعاقبة من يرتكبون الأخطاء وبقيت الحطبة في الذاكرة الشعبية، رمزاً لميزان العدل وتحقيق الأمن بالعدالة المتوافق عليها بين الحاكم والأهالي.

شيدت سينوغرافيا العرض في مساحة خالية وفضاء فرش بالرمل، مع توسط حطبة التوبة وحولها الحبال في مركز الخشبة، مع استخدام بعض الأقمشة البيضاء التي استخدمت كشراع السفينة، وكذلك كفَنٌّ وأزياء وقطع فلكلورية مثل الزير، وشكلت أجساد الممثلين نصف حلقة، يجلسون ثم ينتقلون للأداء الحركي، في الرقصات الإيقاعية الجماعية، وفي مسيرة توديع الجثمان إلى المقبرة. ساعدت الإضاءة في سرعة تحويل أماكن الحدث من المنزل إلى السفينة؛ إلى المقبرة؛ إلى مكان تحفيظ القرآن واستخدمت لإضفاء دلالات درامية باللون الأصفر حول شخصية النوخذة للإيحاء بالمكر والخبث والتآمر، وباللون الأبيض على الابن، إشارة الصفاء والبراءة، واللون الأزرق للإيحاء بحلم الأم. موسيقى العرض من تأليف عبدالله صالح تشكلت

من إيقاعات الدق وآلة المنيور ذات الطابع الإفريقي، وبعض معزوفات العود مع أصوات بشرية جماعية شجية في مواويل وأهازيج.

التزم المخرج بتقديم الشخصيات بطابعها النمطي، فالنوخذة رجل صارم الملامح عالي الصوت، متشنج. أدى دور النوخذة بطريقة جيدة؛ الممثل جمعة علي، والابن حارب مصادم شجاع، يقف منفرداً في وجه الجبروت، الأم حنونة ومدافعة عن ابنها، تكتم السر حتى تنفجر في لحظة توهج عاطفي مناصرة لابنها، أدت الدور أشواق. الممثلة هدى غانم أدت دور ابنة النوخذة؛ جميلة ومحبة وشجاعة في التعبير عن مشاعرها. الملا حاول مناصرة الابن والتصدي للنوخذة، ولكنه تراجع في منتصف الطريق. رجل الدين المطوع انحاز لصف سلطة النوخذة، وأصبح شيطاناً أخرسَ. حاول العامري إضفاء بعض البهجة ببعض المشاهد الكوميدية، تفاعل معها الجمهور وخاصة من طرف الممثل أحمد مال الله.

العرض المسرحي وإن حمل بعض سلبيات التجارب الأولى، وشهد بطء الإيقاع وبعض هنات فنية في الإضاءة وتقنيات الصوت، إلا أنه حمل بذور جنينية شكلت أسلوب العامري الإخراجي المتميز. من خصائص هذا الأسلوب في السينوغرافيا الاعتماد على المساحة الخالية، ثم محورها، بأيقونة ديكورية واحدة، مثل حطبة التوبة التي ارتكزت في منتصف الخشبة. الخاصية الثانية هي اللجوء للتشكيلات

الجسدية الحركية بأجساد الممثلين والمجاميع، بأداء صوتي في الإنشاد والمواويل والغناء. الخاصية الثالثة هي الاهتمام بجماليات الصورة، في رسم الميزانين وتشكيل الفراغ المسرحي والتشكيلات الجمالية لصورة الأجساد وحركتها الرشيقة، واستخدام الإضاءة كمؤثر ظاهري جمالي.

مسرحية دهن عود
وشوشة العبير أم مجامر الحنين

مسرحية دهن عود من تأليف الأستاذ أحمد بورحيمة، إخراج محمد العامري، إنتاج مسرح الشارقة الوطني، ومن أداء سيف الغانم، وأشجان. قدم العرض في أيام الشارقة المسرحية، الدورة الثامنة عشرة لعام 2008، وحصل على جائزة أفضل عرض متكامل.

دهن العود عطر أثير في المجتمعات الخليجية، وفي دولة الإمارات العربية المتحدة، يستخرج من مادة تفرز في شجرة عمرها يزيد عن العشرين عاماً، ثم تجرى عليه عملية تسمى الطبخ، وهو عطر مزدوج الاستخدام في مناسبات الفرح ومناسبات الحزن.

كان اختياراً ذكياً من الكاتب؛ استعادة الذكريات بربطها بحاسة الشم، فهي الحاسة الوحيدة التي تصل مباشرة إلى مركز التفاعل دون المرور على منطقة المهاد كما في حالات استقبال المثيرات الحسية الأخرى. يقول علماء النفس إن الذكريات القائمة على الروائح أكثر

عاطفية وإثارة. في رواية الزمن المفقود لمارسيل بروست يصور قدرة إحدى الشخصيات على استعادة ذكريات طفولة منسية جداً عن طريق استنشاق رائحة محددة.

دهن العود عنصر حاضر بعمق في الذاكرة الشعبية الإماراتية في حالات ومشاعر إنسانية ممتدة من الفرح إلى الحزن، التقطها الكاتب لتصبح نقطة ارتكاز مركزية في النص، توشوش بالعبير منفتحة إلى عالم جميل من العشق والمناجاة والغزال، وتشعل جمر الحنين، مشاعر الفقد، العزلة، الاحتياج، والشغف.

النص يقدم رؤية شاعرية حياتية، ويقبض على لحظات خاصة بحياة زوجين أو رجل وأنثى، لحظات اشتهاء جسدي ولحظات تسامٍ روحي. خارطة حبلى بمشاعر الحب والشوق متوازية مع مشاعر الخوف، الرغبة، والاشتهاء. عبير دهن العود فاح في أرجاء الخشبة عبر حوارات مثل:

الزوج: (يا وردة في عروقي نبتت تبلل ريقي الظامئ، أنا العطشان، أنا الهيمان، يا زهري تضوع، يا عبير الحب توقف يا صباح الغد تأخر يا زمان الأنس، أنا عاشق دهن عود).

الزوجة: (دهن العود ما يحرك فيك شيء، سكرت بعودي ودهن عودي).

الزوج: (يا حورية السرير الأبيض يا أم العود ودهن العود).

ولعل بعض ظلال حضور الوجه الآخر لدهن العود، ارتسمت في حالة كون الزوجة هي طيف عايد بعد الموت والرحيل، في حالة انقطاع الوصل الحميم والعزلة التي قامت بين الزوج والزوجة.

شاعرية النص أزهرت في عبارات مدهشة مثل: سريرتي أبيض من سريري، أنا غرقان في عود دهن عود، وفي مونولوج للزوجة (توابيت السهر تدفن جثث أحلام في صدري، وضناني الشوق عيني قرحت من نوحي، وصياحي حبيبي ارحم نظر عيني تذكر قولك الخالد أحبك أحبك أحبك، يا نظر عيني ترفق باللي أهواك حبيبي لا تحرمني تعال امسح شقًا عمري)

ألقى النص بعافيته الشاعرية، بصبغته، على منهج الإخراج، فجاء أقرب إلى التعبيرية في الأداء الجسدي، وفي الأداء الصوتي، وفي عناصر سينوغرافيا البياض والإضاءات الشاعرية.

السرير الأبيض الكبير في منتصف الخشبة شكل بؤرة أيقونة بصرية مع طغيان البياض على أرضية الخشبة، مع امتداد إلى خارج الخشبة. كان المخرج يشير إلى بياض وبرودة ثلج المشاعر بين الزوجين أو إلى طقس بياض الكفن.

اختار المخرج إضافة شخصية راقص وراقصة في بعض المشاهد الاسترجاعية، مما حقق وظيفة درامية تكثف لحظات الحوار، وتضفي بعداً جمالياً على المشهد لزمن شباب الزوج

والزوجة، بأسلوب أقرب إلى مونتاج المزج السينمائي، مراوحة بين الحضور والغياب، والتجسيد والتلاشي من الكادر، رغم الوجود المادي للراقص والراقصة، إلا أن المخرج نجح في خلق صورة مزدوجة، فيها الواقعي والحلم، باستخدام الإضاءة الزرقاء والحركة الراقصة البطيئة، كما في أشباح من الماضي. نجح العامري في قيادة الممثل سيف الغانم والممثلة أشجان في أداء الحوارات بحساسية شعرية، تجسد المشاعر المختلفة. جماليات إخراج العرض وظفت عناصر وأساليب اللون والإضاءة والخيال، وصعدت بالحدث حتى مغادرة الروح للجسد، ومزجت بين الديكور التجريدي والسينوغرافيا التعبيرية، بمفردات الإكسسوارات والألوان ذات الطابع الإنساني العام، وبين فوح عطر دهن العود الإماراتي؛ صميم المحلية، لتحقيق مقولة: الطريق إلى العالمية يبدأ من المحلية.

مسرحية سيمفونية الموت والحياة
هارموني الكلمة والصورة

عن نص للكاتب المتميز إسماعيل عبدالله في ثنائيته المنتجة مع المخرج محمد العامري، وإنتاج مسرح الشارقة الوطني. ينحو فيها إسماعيل إلى موضوع معاصر باللغة العربية الفصحى، بعد سلسلة من النصوص ذات الخصوصية الإماراتية باللهجة المحلية.

يأتي النص في لغة أدبية باذخة قوية، يروي حكاية صراع في مظهر قتالي وحربي، في جوهره صراع بين رؤى مختلفة بين لغة الموسيقى ولغة الحرب، بين لغة الحياة ولغة الموت. النص انطلق من فكرة رواية (الجنرال) للكاتب البريطاني (آلان سليتو) بمعالجة جديدة، أحداثها في بلد عربي إسلامي، بأجواء وقضايا خاصة مثل الحروب والتطرف والإرهاب.

فرقة موسيقية في طريقها للترفيه عن جنود في جبهة القتال، تقع في الأسر، لتقرر القيادة المتطرفة إصدار الأوامر بقتلهم. تبدأ حوارات معمقة وطويلة بين قائد الفرقة الموسيقية السلام، وقائد الفرقة

العسكرية الأمير، بطلب من القائد العسكري تعزف الفرقة الموسيقية ألحانها، وفي المقابل تعزف الفرقة العسكرية برشاشاتها. يمسك إسلام بسلاحه ويسلمه لقائد الفرقة العسكرية، ليبدأ اهتزاز موقفه، ويرفض تنفيذ أمر قتلهم ويساعدهم على الفرار.

لغة العرض الشاعرية طرزت بالشعر الصافي في مونولوجات الأمير الافتتاحية:

(إذا زلزل الوعد زلزاله... واجهضت الشمس عهر التدثر
وجلجل في الأرض رعد البراءة... قد قميص التقى من دبر
على الوعيد أذان النفير... تداعى إلى الثأر دم النذر
عن قسم لا يراود وعد... مستطر في متون الزبر)

منذراً بالزلزلة والوعد والوعيد والشر المستطير في القصيدة الأولى؛ ومبشراً بالغيث النافع غدقاً فراتاً سائغاً صيباً، يغرد الكاتب على لسان الأمير في دعاء الأمير:

(طوبى لكم
غيثاً مغيثاً نافعاً سحاً وابلاً
هنيئاً مريئاً طيباً شراباً ومغتسلاً
يحيي الذي مات
يرد الذي فات
ويمحق باطلا
طوبى، ثم طوبى، ثم طوبى)

لعبة الصراع بين ثنائية التجلي والإخفاء، بين الموسيقى والرشاش، صاغها المؤلف بحنكة وخبرة في الصراع، لم يكن أحاديّاً مصمتاً، ففي كل معسكر من المعسكرات المتقاتلة، دار صراع آخر بين رؤى مختلفة ومتناقضة. دار صراع في معسكر الفرقة الموسيقية بين شخصية هيثم؛ وهو الضابط المحترف، وبين إسلام. هيثم أبدى جزعهُ وهزيمتهُ منذ اللحظات الأولى لوقوع قطار الفرقة الموسيقية في الأسر، أما إسلام فأظهر رباطة جأش، وقاد حوارات مثمرة مع قائد الطرف الآخر في المعركة. معسكر الفرقة العسكرية شهد أيضاً صراعاً بين شخصية الأمير المتحول إلى ذهنية السلم، وشخصية القعقاع؛ نموذج المتطرف المتشدد.

من إشراقات النص، تلك الحوارات العميقة بين الأمير وإسلام، وهي تعود رويداً رويداً بإسلام إلى معسكر السلام والإنسانية، لحظة إنسانية فارقة، انتبه لها الكاتب المبدع إسماعيل عبدالله في اكتشاف تناقضات الشخصية الإنسانية، وتحولاتها من الخير إلى الشر أو العكس، مبشراً بإمكانية استعادة الإرهابي والمتطرف، وإن احتاج التحول في شخصية إسلام لمزيد من الأحداث والمواقف الاسترجاعية، تبرر الانقلاب الدرامي في موقفه.

برع العامري كعادته في تقديم معادل بصري جمالي موضوعي لأفكار النص، بديكور وليد عمران، يبدو مكثفاً ومعقداً، ولكنه تشكل من مفردات رأس قطار صنع بمواد بسيطة، يسير من عمق المسرح

إلى الأمام، وعلى الجوانب شاشات عرض صنعت وهم الحركة، بمشاهد فيديو لطرق وأشجار، بدعم من إضاءة جميلة، وموسيقى إبراهيم الأميري منتقاة بعناية، وحددت بين أنغام الموسيقى وزخات الرصاص في هارموني يبدو مستحيلاً. بدت لوحات العرض مزدانة ومشرقة، زَخْرَفَتْها الأدوات الموسيقية من جيتار وساكسفون وآلات نفخ وكمنجات، وأزياء البدل السوداء والملابس العسكرية. وفجرت حيويتها كوريغرافيا الأداء الجسدي كرّاً وفرّاً؛ إقداماً وانسحاباً؛ لوحةً في مواجهة لوحةٍ. في رشاقة جسدية ومرونة، انطلقت معركة فرقة الموسيقى وفرقة العسكر، من قتال بالرصاص إلى معركة قوامها الرقص والتعبير والرشاقة. قاد العامري مجموعته الأدائية المكونة من: عبدالله مسعود، أحمد المعمري، رائد دالاتي، ناجي جمعة، ومحمد جمعة، في أداء منسجم ومتوافق.

مسرحية صهيل الطين

وعد الولادة ووعيد الوأد
وعد الماء ووعيد النار

تأليف إسماعيل عبدالله، إخراج محمد العامري، إنتاج مسرح الشارقة الوطني، عُرضت في أيام الشارقة المسرحية/ الدورة الثانية والعشرون لعام 2012، وبطولة أحمد الجسمي والفنانة العراقية حنان المهدي.

بين وعد سيولد ووعيد سيقود، تُطلق أحداث المسرحية كاشفة عن الصراع، رجل وامرأة، أب وابنه، فنانٌ وفنانة، في ذروة الحبكة الدرامية وبعدها تنساب الحكاية وتتكشف. صهيل الطين عنوان شاعري.. كيف ينطق الطين الساكن؛ بل كيف يصهل؟ هل يبحث الكاتب عن أفكار حول علاقة على المستوى الاجتماعي بين أب وابنه، قوامها الجبر والطاعة والعصيان والتمرد؟ أم يبحث عن قضايا المهنة وتوارثها؟ أم يبحث على مستوى وجوديّ علاقات الخير

والشر الماء والنار والموت والحياة؟ كلها تأويلات مباحة عند قراءة نص مفتوح ومتعدد، يتواشج مع أسطورة (بيج ماليون) عن المثال الذي صنع تمثالاً ثم عشقه، كتب من وحي هذه الأسطورة المسرحي الإيرلندي (برنارد شو) مسرحية، وفي المسرح العربي، كتب توفيق الحكيم مسرحية على تماس مع الأسطورة.

اللغة العربية الفصحى نسجت بها حكاية المسرحية، متضمنة شخصيات لا أسماء لها، يكتفي الكاتب بنعتها بضمير الغائب (هو وهي)، شخصيات تتسم بالقوة والعناد والإصرار، الأب صاحب الصوت القوي المجلجل، بكتلة جسمانية ضخمة، والابنة وحيدة أنجبها بعد عدد من الزيجات، تتصف بالعناد والتصميم، في صراعها الماراثوني مع الأب، تتخلله بعض مواقف الإيجابية الصغيرة، حينما رق ذات مساء قلب الأب فراح يلقنها أسرار الصنعة بالنصائح والدروس ويقول: (النار سر الخلود.. بعد تواجدهم وتشكيلهم أعشقهم أولاً ثم أدثرهم بالنار وأسكنها في أحشائهم، ستفعل النار فعلها تمتص الماء العفن المحرض على الليونة والتمرد بداخلهم.. لو تركت تمثلك من دون أن تمسه النار يعيد تشكيل نفسه بفعل الماء داخله).

تدور الأحداث في قبو مغلق مزدحم بالتماثيل المكتملة والناقصة، يحاصر الابنة بحوارات تناثرت على حوافها تناقضات الخير والشر والنار والماء بقالب درامي، كشف سر قتل الأب لزوجته عندما حاولت الاقتراب من حلمه والنيل منه، فأسقط تماثيله فوق جسدها،

وانتزع روحها، كما حاول إدخال الابنة إلى الفرن المشتعل، لكنها بعناد صارم وتصميم حديدي أن تكسر القيد وأن تتمرد، وتصنع تمثالاً من طين وماء؛ خاطبته برومانسية، فهو حلمها الذي انتظرته، وهو فارس حبها وأجمل فصول حياتها، ترى فيه التعويض عن عشرين عاماً من الظلم والظلام، بين كر وفر، تنهي الأحداث بنهاية ثأرية، وهي تقذف به داخل الفرن المشتعل في مشهد يذكرنا بنهاية (مسرحية غصيت بك يا ماي) للكاتب إسماعيل عبدالله، حينما ترسل الأم شعلة النار إلى عينيها.

شيد المخرج محمد العامري معماره الإخراجي متناغماً مع فخامة النص وعمق أفكاره، وسينوغرافيا سلم خشبي مرتفع، يتيح إمكانية الصعود إلى أعلى والانتقال الرأسي للأعلى، لأن مكان الأحداث، هو قبو في الأسفل، ازدحم بعدد كبير من التماثيل؛ مختلفة الأشكال والأوضاع، نصفية وأوجه وكاملة، مع عدد كبير من السلاسل الحديدية متدلية من أعلى الخشبة إلى الأسفل، مما أكسب المكان وحشته وكآبة تتناغم مع مناخ القسوة والعنف والتعسف، واكتملت صورة المشاهد بحركة رشيقة للأجساد العارية من الملابس، والمغطاة بطبقة من الطين، تشبه كائنات حية وميتة في الوقت نفسه، هم بشر يتحركون ضمن لوحات تعبيرية حركية متقنة واحترافية، ولكن بغطاء من الطين.. هل هي فلسفة خروج الميت من الحي؟ أم تلاقح فكرة النماء مع فكرة الفناء؟ هي صورة بصرية جميلة ومعبرة عما في النص

من صراع الأضداد، برزت أسلوبية العرض، وخصوصية إخراجية العامري في الاتكاء على المجاميع، لأغراض جمالية، تمتع المشاهد برشاقة وجمال وحيوية الجسد الإنساني فرديّاً وجماعيّاً، في الفعل ورد الفعل مع المواقف الدرامية، والتعليق والمشاركة، ومن سمات أسلوب العامري أيضاً؛ الارتكاز على أيقونة ديكورية واحدة، تتشكل المشهد بتفاصيل مختلفة، وهي الطين الذي لطخ أجساد الممثلين، واستخدم في صناعة التماثيل، بالإضافة إلى الاشتغال المبدع على جماليات الصورة والمشهد، وهو ميدان العامري المفضل، حيث تجمل المكان بخطوط السلاسل المتدلية، وتماثيلَ في أوضاع جميلة، مع إضاءات موحية. نجحت الممثلة حنان المهدي في مجاراة عملاق الأداء المسرحي أحمد الجسمي بصوته الجهوري وقامته الفارهة في لعبة التراجع والهجوم والصوت الصاخب، ضد الصوت الأنثوي، وفكرة الماء ضد فكرة النار، وتوارث المهنة في مقابل الاختيار الحرّ. حافظ الجسمي على توازن إيقاع حركة جسده المكبل بعطب في اليد اليمنى، ونجح في تصوير حركة جسد مصاب باستخدام اليد اليسرى فقط، طوال أحداث العرض، وفي مواقف فيها حركة قوية، مثل ما في مشهد العراك مع الابنة، ومن الحوارات الصاخبة القوية، يقول هو: (اغتسل بالنار، دنياك تحلق في فضاءات الخلود، اغتسل بالنار؛ حقد وحشة اللحود، اغتسل بالنار مفتاح الغاويات بحجرك، يغفو فتسمو وتموت).

هي: (سيولد من رحم العاصفة.. سيولد مخاض النور.. لا يخلف وعداً قد دنا فخطا يهدر زاحفاً.. مخاض النور آت من جوف السحاب يناديني، ويشعل في الروح.. يوقظ سر الله في الأنثى ويصرخ: هزي إليك بجذع الصرخة الأولى تساقط جمراً ثم خصباً ثم تأتي الراجفة).

بأداء صوتي كريشندو صاعد، تجتهد حنان المهدي في إطلاق الحنجرة لأقصى مدىً، علها تحاكي صوت الجسمي الفخم الراعد.

موسيقى العرض جاءت صاخبة جدّاً باختلاط أصوات بيانو ومجموعة كمنجات وإيقاعات طبول مدوية، في مشاهد العنف وتحطيم التماثيل، وفي مشهد الختام عند الاشتباك وإلقاء الابنة أباها في الفرن، ومن مختارات موسيقية جاءت بعض النغمات الموسيقية الهادئة في مشهد المغازلة الرومانسي والفتاة تحلم بحبيبها.

مسرحية غصيت بك يا ماي
فقل أين يسعى من يغص بماء

تأليف إسماعيل عبدالله، ومن إخراج ناجي الحاي، وإنتاج مسرح أم القيوين الوطني، شاركت في الدورة الخامسة عشرة لأيام الشارقة المسرحية 2005، وحصدت خمس جوائزَ، وحصدت جوائزَ في مهرجان المسرح الإماراتي للفرق الأهلية.

العنوان «غصيت بك يا ماي»، مشتق من مثَل خليجي، معناه: إذا اختنقت بالماء فبماذا تبتلع؟ يجمع بين الماء عصب الحياة الإيجابي، وفعل الغصة السلبي، وكأنه يستحضر بيت الشعر العربي:

إلى الماء يسعى من يغص بلقمة
فقل أين يسعى من يغص بماء

يماثل العنوان عناوين إسماعيل عبدالله المتميزة، باستعارتها من مفردات إماراتية محلية صميمة على شاكلة: البوشية ـ البقشة ـ اللوال ـ البشخيتة.

النص عن حكاية قرية صغيرة، تعيش في زمن الخمسينيات، يروج رجل مستبد صاحب جبروت يسمى سعيد الطاقة؛ أن البئر مسكون ويمنع الاقتراب منه، مع اقتناع الأهالي وانقطاعهم عن الورد إلى البئر وجلب حاجتهم من الماء. عطشان مجنون القرية، هو الوحيد الذي يرفض تصديق الإشاعة، ويبحث عن سرٍّ ما، يسأل عنه أمه وتصرح به الأم في ختام العرض، وتحكي عن رفضها للزواج من سعيد الطاقة.. النص انطلق لمحاولة الإجابة على عدد من الأسرار؛ سر البئر، وسر علاقة سعد الطاقة بوالدة عطشان مهرة.. يضعنا النص في مواجهة مباشرة مع ذروة الأسئلة القلقة، عبر حوار عطشان في مشهد الافتتاح وهو يخاطب أمه: (اطلعي اسمعن انت الوحيدة اللي لازم تسمعني لو الدنيا صمت أذنيها عني.. حطيتوني في وسط غابة بلا شراع ومجداف أصارع الموج وصدري عريان بروحي. خليتوني بعز الظلام مركبي تايه يدور على صراي وبندر. تعبت وان شايل هالسنين كلها. همومي ونظرة الناس وسكوتك).. ترسل كلمات عطشان إشارات مفتاحية للمتفرج.. هناك سرٌّ ما، تصمت الأم عن البوح به لابنها الباحث عن الحقيقة.. يقود الكاتب الأحداث عبر لغته المسرحية ذات الظلال الشعرية في الحوارات، في مواقف المواجهة القوية من مهرة لسعيد الطاقة، عندما عايرها وخطيبها بابنة الحمال: (بنت الحمال نزلت راسك في الأرض وخلتك تهاذى في ليلك نهارك. قالتها بصوت عالي ما همها لا فلوسك ولا شانك ولا نبح قلبك اللي يتطاولون في الفريج. ويوم بغت تعرس خدت ريال).

وفي مشاهد الرومانسية حضرت الأشعار الغزلية:

عيني تشوف الماي وتهلك ظمأ روحي

شراعي يبقى صراع بردانة حروفي

أين القمر يا صاح

يضوي على جروحي

يرد عطشان

يا بعد دنياي وناسي ويا دفا خوفي

خالي حسك لو صمتك يطول

اسقيك من قلبي نهر جاري بكفوفي

يا قمر يضوي على متن السهول

يا بساتين العمر نجمي وسما يوفي

يا سحابة تمطر في كل الفصول

الأمثال الشعبية حضرت في النص تعبيراً مختصراً وعميقاً عن الرأي والفكرة، مثل: (الجنازة عودة والميت فأر)، (الما بدور الطعم ما تنفع الريحة).

انحياز الكاتب الإيجابي للمرأة وتقديمها قوية الشخصية فصيحة ومصادمة في نصوص إسماعيل مثل البوشية، وصهيل الطين؛ ظهر في النص بشخصية مهرة، الزوجة المحبة العاشقة الشجاعة، تخاطب بلغة الشعر الموحية، خصها بها لمزيد من قوة التعبير والشحنات التأويلية المجازية البليغة.. ويبدو أن الكاتب أحس تراجيدية مأساوية

الأحداث، والتي تنتهي بأخذ الزوجة مهرة، شعلة من النار لتفقأ بها عينها رفضاً لمشاهدة إذلال زوجها من سعيد الطاقة، في مشهد يعيدنا إلى التراجيديات الإغريقية العظيمة في مسرحية أوديب، ببعض المشاهد الرومانسية والأغاني وأشعار الغزل.

انتهج المخرج ناجي الحاي المنهج الواقعي في رؤيته الإخراجية المتسقة مع البناء الدرامي الواقعي، ولوحظ الانسجام بين الكاتب والمخرج لما بينهما من وشائج الصداقة والزمالة الدراسية والأفق الثقافي الفكري المنفتح على معارف السياسة، والاجتماع، والاقتصاد، والفلسفة.

ديكور العرض الواقعي تشكل من بيت شعبي من أغصان وفروع الأشجار على يسار الخشبة، وسور من الأغصان على يسار الخشبة، وفي المنتصف شجرتان بينهما منصة خشبية إلى أعلى، يصعد لها عن طريق سلم من الأخشاب والحبال وعليها مرجيحة وفرشت الأرض بالرمال.. الأزياء واقعية تعبر عن كل شخصية بمستواها الاجتماعي: عطشان المجنون في ملابس ممزقة، وسعيد الطاقة صاحب المال بزي غالي الثمن، والأم مهرة بثياب منزلية.

الإضاءة ركزت على بعد استخدام إنارة المشاهد الليلية، مع بعض الأضواء الزرقاء في مشاهد الحلم والفلاش باك والرومانسية، وخاصة في مشهد عودة الزوج إلى المنزل وأمامه كرة دائرية تسطع من داخل الكوخ وزوجته في الداخل، تظهر ظلال صورتها. استخدام

الموسيقى كان شحيحاً بمعزوفات في بعض المشاهد الرومانسية وإيقاعات طبول. تحسب للمخرج ناجي إدارته الواعية للممثل ورسم الشخصيات بأبعادها الجسدية والاجتماعية والنفسية، واستخراج أفضل طاقاتها الإبداعية وخاصة الممثل مروان عبدالله في بداياته المسرحية الأولى، إذ يصعد بقوة مبشراً بموهبة أداء تنبئ بمستقبل لممثل ممتاز، ينجح في الإمساك بشخصية المجنون العاقل أو المبصر الوحيد، وسط أهالي من عميان البصيرة.. هدى الخطيب أضفت جمالاً على العرض بأدائها المعبر بجمال صوتها وهي تشدو بالشعر والأغنيات، وتتألق في مشهد المواجهة مع سعيد الطاقة. موسى البقيشي توهج في مشاهده القليلة وخاصة مشهد المناجاة الاسترجاعي مع زوجته وسط إضاءة زرقاء وموسيقى خافتة، يقدم هدية غالية لزوجته، ويحكي كيفية شرائها بعد أن أعجبته عند البائع.

مشهد الختام جاء تراجيديّاً مأساويّاً بامتياز، صدم المتفرج المنتظر للنهاية السعيدة، غير أن المخرج اختار نيراناً تأخذ طريقها لعين الزوجة بإرادتها، ويضفي المشهد من الإحباط على الموقف المتخاذل والمنحاز من الأهالي، الذين يقومون برجل عطشان، هو المجنون العاقل.

مسرحية نهارات علول
استقيموا واشخصوا بأبصاركم عالياً

من إنتاج المسرح الحديث بالشارقة، تأليف مرعي الحليان وإخراج حسن رجب، شارك في الأداء كل من: مرعي الحليان- جاسم الخزار- جمال السميطي- بدور- محمد جمعة ـ محمد بن يعروف ـ سامي القطان ـ عمر داؤود ـ خالد المرزوقي ـ ناصر أحمد ـ عمر داؤود.

شارك العرض في مهرجان أيام الشارقة المسرحية/ الدورة الثالثة والعشرون، وحصل على جائزة أفضل إخراج وأفضل مؤثرات صوتية وموسيقية، وأتيحت له الفرصة للمشاركة في عدد من المهرجانات المسرحية العربية؛ في مهرجان المسرح الخليجي، ومهرجان المسرح العربي، وفي مهرجان الأردن المسرحي.

المسرحية تناولت موضوع علاقة الفقراء، وعلى رأسهم علول؛ بالسلطة، في إطار فانتازي، مزج بين الخيال والواقع مستثمراً مفارقة رصاصة لا تقتل، ولكنها تستقر في جسد علول مسببة بحركتها

حالات من الفرح والخوف، والضحك، والتأوه، والألم. علول يلتقي خلسة بحبيبته المتسللة من القصر، يصاب بطلقة لا يستسلم وينتقل لإقامة علاقة مع الحرافيش الفقراء، يحرضهم على الوعي والمطالبة بالحقوق حتى ينتفضوا ضد القاضي الهازل في محاكمته الجائرة.. زرع الحليان بحنكة وذكاء العبارات حاملة المعاني والمفتاحية في العرض، والمحرضة على الثورة، ورفض الواقع، مثل:

- (استقيموا واشخصوا بأبصاركم عالياً وارفعوا رؤوسكم فليس فوقنا إلا الفراغ).

- (إلى متى نموت كما تموت الصراصير المتعفنة تحت الأقدام).

- (رصاصهم لا يقتلنا، ولكن يموت فينا إن كنا أحياء).

إشارات رمزية لم تسقط في المباشرة السياسية أو الأخلاقية الخطابية الشعاراتية. طاف النص بين موضوعات ذات طابع سياسي عن السلطة والقمع وظلم الجماهير الكادحة، وبين حكايات مفعمة بالإنسانية، ومشاعر الحب وتكوين الأسرة وإنجاب وتربية الأطفال، والأحلام البسيطة بحياة سلمية هادئة.

المعادل البصري الموضوعي للنص، أبدعه إخراج حسن رجب متنقلاً بين مناهج إخراج متعددة في رؤيته الإخراجية، منها الجروتسك والفانتازيا والكوميديا السوداء وكوميديا الفارس، ومقترحاً لأنواع مسرحية، شملت الأداء الجسدي البشري، ومسرح العرائس،

ومسرح خيال الظل. هذا التنوع أكسب العرض حيويته وجمالية في الصورة وتصوير المعاني.

سينوغرافيا العرض نصبت في المساحة الخالية عدداً من المساحات المستطيلة الشفافة، استخدمت شاشات عرض خيال الظل، واستفاد منها المخرج في رسم حركة الشخصيات من الأمام ومن الخلف، مع عدد محدود من الكراسي، تحولت إلى قضبان السجن في مشهد المحاكمة. وعبر الإضاءة جاءت الانتقالات الزمكانية من مشهد إلى آخر، ومن مكان إلى آخر، ومن نهار إلى ليل، بواسطة مستطيلات ضوئية وبقع ومسارات، وُظفتْ لجمالية الصورة، وفي تأكيد البعد الدرامي للمشهد عند تركيز بقع ضوئية على الشخصية الأهم على الخشبة، وفي خلق حالة تغير المشهد كاملاً أو تغييره بالتركيز على جانب من جوانب الخشبة، وإظلام الجانب الآخر.

من حيل الإخراج الذكية، استخدم حسن رجب العرائس، بإمكانيات تحريكها المرنة وأحداث المفارقة بين الشخصية البشرية وشخصية العرائس، وفي المزج بين المشاهد الواقعية ومشاهد خيال الظل، ذات الطابع الضوئي، الذي يمزج بين جسد الممثل وصورته في الشاشة. نجح حسن رجب في ضبط إيقاع العرض المسرحي بحيوية الأداء الجسدي للمثل الفرد، وجمالية حركة المجاميع، وفي إضفاء طابع الكوميديا النابعة من مفارقات النص الغرائبية، ومن تجسيد مشاهد هزلية المحاكمة وجور القاضي في سخريتها اللفظية، وكوميديا مواقف المفارقات الساخرة. لم تكن اللغة العربية عائقاً

دون تفجير المواقف الكوميدية، وانتزاع ضحكات الجمهور، رغم عدم تعود الجمهور على مشاهدة عروض كوميدية باللغة العربية الفصحى، والتي أجاد طاقم التمثيل إلقاءَها. ظلت اقتراحات حسن رجب الإخراجية حاضرة ومدهشة حتى بعد نهاية أحداث المسرحية، وتقديم تحية الجمهور بطريقة مبتكرة، بخروج الشخصيات من خلف المستطيلات الضوئية وإلقاء التحية.

تميز جاسم الخزار في الأداء الجسدي والصوتي، ونجح جمال السميطي في استثمار قدراته الكوميدية في انتزاع الضحكات دون الخروج عن سردية الحكاية. أبدعت بدور في المشاهد القليلة، التي ظهرت فيها، وخاصة ديالوج العشق مع علول، وفي مشهد تسللها من القصر للّقاءِ، هروباً من مضايقات الحارس. أدى مرعي دور المحامي المتحذلق، الذي تهدر في مرافعته العدالة.

موسيقى العرض كانت حية واعتمدت على آلة الطنبور الشعبية الإماراتية الضخمة، بأوتارها الغليظة ونغماتها الشجية، تناغمت مع أصوات الإنشاد والأداء الصوتي الجميل.

من مشاهد العرض المتميزة؛ مشهد مناجاة بهلول للحبيبة وزوجته في المستقبل، كما كان يحلم وهما يتناجيان بعشق وحديث عن المستقبل وإنجاب الأطفال، والممثلة بدور تحمل المخدات وكأنها الأطفال. مشهد الختام توج بانتفاخ علول والوقوف بعد إصابته برصاصة، وتجاوب الحرافيش مع دعوته للثورة.

مسرحية الصبخة
فضاء الفرجة والأنشطة الموازية

مسرحية الصبخة من تأليف وإخراج د. عبدالعابر، تمثيل: سماح ـ آلاء الهندي ـ على الحسيني ـ عبدالعزيز البهبهاني ـ كفاح الرجيب ـ منار الجار الله.

تناول النص موضوعاً اجتماعيّاً يدور حول قصة حب في مجتمع تقليدي، تحكمه عادات وتقاليد تحاصر العلاقة العاطفية. يقف العاشقان ضد المجتمع وينتصران للحب، ليتوج بالزواج، ومع قدوم الأطفال؛ منصور وأخته مريم، تنفجر الخلافات ويتغير سلوك الزوج، يمارس سطوته ويثير الشكوك ويقسو على ابنته ويدلل ابنه، تقاوم الابنة، وتعلن عن رفضها في الوقت الذى ينهار الابن وتظهر عليه أعراض الاضطرابات النفسية والسلوكية. يدخل النص إلى منطقة شائكة، ويقارب تابو العلاقات المحرمة بين الأشقاء. لنكشف أن الاب لديه ماض مخفي، ارتكب فيه جريمة قتل.

القراءة الأولى للنص المسرحي تبدو ظاهرياً في اتجاه قضية اجتماعية واقعية، تلامس صراع العادات والتقاليد ومحاصرة العلاقات العاطفية. والقراءة الأخرى تحيلنا إلى عالم الصراعات النفسية العميقة، التي تعتمل في أعماق شخصية الزوج، ممتدة الجذور إلى ماضٍ مسكوت عنه، لتأتي لحظة التنوير والاكتشاف في خاتمة النص، تفسر سلوك الزوج القاسي، دون أن يتم التمهيد في ثنايا النص بأحداث متفرقة، أو إشارات تلقي قليلا من الضوء عن ماضيه. انحاز المؤلف بوعي إلى الشخصيات النسوية في العرض، في شخصية الزوجة المحبة والمتحدية قبل الزواج، تظل شخصية قوية وإيجابية بعد الزواج، وتدافع عن حبها وعائلتها وابنتها، وشخصية الابنة التي ترفض سلوك الأب، وتدافع عن رؤيتها وحقها في التعبير والحب. كما نجح في تقديم شخصية الابن المتوترة نفسيّاً والمشتتة سلوكيّاً، بطريقة منطقية مع ما تعرض له من ضغوط وقمع وسيطرة أبوية ظالمة. شخصية الأب بقسوته المفرطة، لم يمهد لها، لذلك فإن تفسير سلوكه في نهاية العرض، جاء مبتوراً: إلى الماء يسعى من يغص بلقمة.. فقل أين يسعى من يغص بماء.

حاول المخرج مقاربة تعقيدات الشخصية باختيار الأسلوب التعبيري في سينوغرافيا العرض، بسيادة اللون الأسود في الديكور والأزياء، واستخدام إضاءة تعبيرية، ومزج في الأداء بين الأسلوب الواقعي (وإن اقترب في بعض المشاهد لأسلوب الميلودرامي) والتعبيري.

العلامة الفارقة في العرض كانت الإخراج، في انضباطه وصرامة الالتزام بالحركة التعبيرية للجسد، والتناغم بين الضوء والرقص والاستعراض في جمالية المشهد، المعتمد على أسلوب الحد الأدنى في قطع الديكور بموتيفات أبواب بصيغة تجريدية متقشفة، سهلت حركة دخول الممثل بخفة وسهولة. تعددت الأزمنة بين الزمن الواقعي والزمن الفني؛ بين الماضي والحاضر، ونجح المخرج في عزف سيمفونية الانتقال من حدث إلى حدث، ومن مكان إلى مكان، ومن زمن إلى زمن، بتحركات مفتاحها الإضاءة، نجحت في قيادة المشاهد عبر متواليات الأحداث برشاقة ومتعة وإتقان. نجح المخرج في إدارة الممثل وساعد على إتقان لغة جسد رشيقة متحولة، والتعبير عن لحظات نفسية بالغة التعقيد. وكان الصمت حاضراً وبليغاً في مشهد الزوجة وهي تحاور زوجها بنظرات وبصمتٍ معبر، بعد ثورته ورفضه لاستصحاب الأبناء لحفل الزواج، وفي مشهد العلاقة المحرمة بين الأشقاء، والتي عبر عنها بذوق وشفافية في لوحة استعراضية كوريوجرافية، لما يتلامس فيها الجسد، وإن التحم تعبيريّاً وموسيقيّاً وبصريّاً.

تميز الأداء بالجدية والاحترافية، التي تعكس أهمية الدراسة الأكاديمية والمعرفة العلمية العميقة، بأسس ونظريات فن الممثل وكيفية الغوص في الشخصية بمساعدة ربان العرض. توافر عدد من حملة شهادات الدكتوراه، أكسب العرض رصانته وضخ في شرايينه

خلاصة المعرفة، وأكد العرض الإسهام الكبير لمعهد الكويت للفنون المسرحية، في رفد الحركة المسرحية بكوادر مسرحية، تسلحت بالعلم، ووظفته بحنكة واقتدار، فألف تحية للمعهد، وشكراً على إشعاعات الضوء التي يجود بها على دروب المسرح في الكويت، وفي كل دول الخليج العربي.

مسرحية رحل النهار
الشعر يبكي رحيل النهار

مسرحية رحل النهار؛ العرض الفائز بجائزة أفضل عرض متكامل في أيام الشارقة المسرحية، من تأليف الكاتب الكبير إسماعيل عبد الله، ومن إخراج الفنان محمد العامري، لتصل عروضه إلى 19 عرضاً، منها 9 عروض من تأليف إسماعيل عبد الله، مواصلة لتجربة عمل مشترك، أهدى للمسرح الإماراتي نصوصاً جيدة الصنع، وعُروضاً عالية المستوى. شارك في الأداء كل من عبد الله مسعود، أحمد المعمري، بدور، عبد الله الجفالي، محمد بن يعروف، حميد عبد الله، ورائد دالاتي.

عنوان النص، كعتبة أولى للولوج لعوالمه؛ يشير بالغياب والفقد والرحيل لأزمنة الظلام. ولتأكيد المعنى، يردد العنوان: رحل النهار، رحل النهار، في المشهد الافتتاحي. نص العرض تَشَكّل بنائيّاً من مختارات من أشعار مجموعة من الأسماء الشعرية العربية البارزة،

أمثال محمود درويش والسياب وسميح القاسم وأحمد مطر وتوفيق زياد وأحمد الصغير أولاد أحمد، في تمازجٍ مع أشعار المؤلف إسماعيل عبد الله، وينفتح النص على تأويلات وتفسيرات سياسية وفكرية واسعة، عن السلطة والأيديولوجيا والجماهير، ورغم احتشاد الأشعار بسوداوية الرحيل والموت واليأس، إلا أن جانب الصراع الآخر، حمل معاني المقاومة والتمرد، عبر حكاية تبدأ بمقتل عريس وعروس، لتأتي شيهانة صوت الأمل في مناهضة قوى أيديولوجية وسياسية، تمثل تطرف الحزبي اليساري والإسلامي، وتطرف الإسلامي الشيعي، وغلو الإسلامي السني، وديكتاتورية العسكر. توزعت معسكرات صراع السلطة والنفوذ، بين معسكر قادة التيارات السياسية الأربعة من جانب، وشهيانة؛ المرأة المقاومة، وسراج رمز الأمل، بمساندة براء وأريج، من جانب آخر، وكل طرف يحاول اجتذاب الجماهير إلى صفه. شاعرية النص كانت التحدي الأكبر، الذي نجح فيه المُخرج محمد العامري باجتراحه لنصٍّ شعريةٍ بصريةٍ، لا تقل جمالاً عن شعرية اللغة.

نَثَر العامري المقاطعَ الشعريةَ على لسان الشخصيات، للتعبير عن معاني متعددة، كساها السواد واليأس، ففي المشهد الأول على لسان السياب، نسمع عمياء كالخفاش في وضح النهار؛ هي المدينة، والليل زاد لها عماها:

رحل النهار
رحل النهار

ثم بصوت براء نسمع شعر السياب سحائبَ رعد مبرقعاتٍ دون أمطار.. بصوت المجاميع نسمع شعر أحمد مطر؛ رؤوسنا مشدودة على المشانق.. ثم المجاميع: الأفق غابات من السحب الثقيلة الرعود..

تصدح شيهانة بأشعار وكلمات الأمل وتقول:

سنزرع في دروب الليل للأحلام أعراسا.. وتواصل نبضها المقاوم وتقول.. سينبع هاهنا حرّ وينبض هاهنا حرّ ويسطع هاهنا حرّ.

افتتح العامري عرضه بمشهد خشبة خالية، وبقعتيْن من الضوء الأزرق، ودخول رجل وامرأة في ثياب العرس، ليحدث انفجار مع أصوات رصاص وقنابل، ثم تهبط من أعلى المسرح أشلاءُ رؤوسٍ وأيدٍ وأرجل متقطعة؛ معلقة بخيوط. تدخل مجاميع تردد: رحل النهار رحل النهار.

تدخل مستطيلات على شكل أبواب، برفقة أربع شخصيات، تمثل أصحاب توجهات سياسية مختلفة، حاضرة في المشهد السياسي العربي، تمثل الديكتاتور العسكري، ورجل الدين المتطرف؛ الإسلامي السني، ورجل مغالاة الدين الشيعي، والديماغوجي اليساري.. كل يرسل خطابه المغلق. على لسان محمود درويش يخاطب الديكتاتور العسكري: سأختار شعبي.. سأختار أصلحكم للبقاء. ترد شيهانة بصوت توفيق زياد: أناديكم أشد على أياديكم وأبوس الأرض تحت نعالكم وأقول أفديكم. تظهر شيهانة أعلى خشبة المسرح محمولة فوق

رافعة متحركة، يضيئها مصباح صغير، يلمع وسط قماش أسود، يلف الرافعة وسط ظلام الخشبة.

يخرج من الباب اليساري الشعاراتي، يستعير شعر درويش، ويقول: أقول لكم ما يقول الحزب.. والحزب فوق الجميع.. سننتج في اليوم ألف شعار. تطل شهيانة من برجها العالي وتردد: أناديكم أشد على أياديكم.

يدخل من الباب، رجل التطرف الإسلامي السني، ويقول: هنا الحكم شورى لمجلس شورى الجماعة. تطل شهيانة وتصرخ: أناديكم أشد على أياديكم.

من الباب يدخل رجل المغالاة الشيعي، يحمل خطاباً يقول فيه: أحبوا أطيعوا الولي الفقيه. فقيه ولي على عرشه.

بعد أن قدم كل ممثل للتيارات السياسية خطابه البائس، يدخل سراج، حامي المنارة ومشعل النور منشداً:

إنني حامل دمها المستباح
ودمي المستباح
وهي البلاد.

يغني مع شهيانة في حب البلاد:

نحب البلاد كما لا يحب البلاد أحد
صباح مساء.. وقبل الصبح وبعد المساء

ويتحدى سراج بجانب شهيانة.. وينشد:
إذا ما حبستم بصدري الهواء
سلوا الأرض عن مبدأ الزلزلْه

يحاول الأربعة خنق شهيانة. في موازاة كلمات التزييف من قادة التيارات، يصمد خطاب مقاومة وأمل من شهيانة وسراج، الذي يقول:

سنصنع الفلك من ضلوعنا، وننسج الشراع من أهدابنا، ونجدل الحبال من شراييننا.

تجيب شهيانة: سنوقد شعلةَ فنَارِنا التي أطفأتْها العواصف.

يدور حوار بين الجماهير وسراج حامى الفنار، وهم يطالبون بالزيت.. ينضم القادة الأربعة إلى الحوار، مثبطين العزيمة ومهددين. تلجأ الجماهير إلى طقوس تجمع بين حلقات الذكر والإنشاد وحلقات الزار. في مشهد رمزي لمجسم سفينة؛ يحاولون الإبحار لتصطدم السفينة بالصخور. يعود القادة الأربعة؛ كل يردد خطابه السابق، بأنه الوحيد الحامل لطوق نجاة الشعب.

مشهد الختام: تدخل المجاميع تحمل شموعاً، وكأنها بصيصُ أمل، ثم يحدث انفجار، وتنزل من أعلى الخشبة أشلاءُ أجسادٍ معلقة، وكأنها اكتمالُ حلقةٍ دائريةٍ لمصيدة الشر.

إخراج العامري، اختار سينوغرافيا المساحة الخالية، مع مفردة ديكورية مركزية واحدة في كل مشهد، منها الأبواب المستطيلة

والعربات المتحركة، والمنصة المتحركة رأسيّاً أعلى الخشبة، والفنار المتحرك إلى أعلى، في حين وُظِّفَت الإضاءة لتشكيل المكان دراميّاً، بواسطة البقع الضوئية الزرقاء، والمستطيلات الضوئية الصفراء والحمراء. امتد الحدث المسرحي على كل أطراف الخشبة في اليمين واليسار والوسط والعمق، بل امتد رأسيّاً إلى أعلى، وخرج الممثل في مشهد تحرك شهيانة فوق المنصة المتحركة، من أعالي عمق الخشبة، تتقدم إلى مقدمة الوسط، ثم تخرج في مشهد مهيب إلى صالة الجمهور، تطوف من أعلى إشارة إلى قوة خطاب المقاومة ومدحها: أناديكم أشد على أياديكم... حافظ المخرج على إيقاع العرض الحيوي، بإضافة موسيقى إيقاعية، بأدوات وآلات متنوعة، مع أصوات الآهات البشرية، وعزف العود ومؤثرات صوتية، وتوظيف درامي للإضاءة. مع تميز الرقصات الإيقاعية للمجاميع، وبعض المشاهد الكوميدية لمسخ شخصيات قادة التيارات السياسية الأربعة، وإدانتهم عبر السخرية في طريقة الحديث، أو البناء الجسدي للشخصية، أو المبالغة في الأزياء والإكسسوارات، فرجل الدين الشيعي يرتدى عمامةً سوداءَ ضخمةً، ورجل الدين السني يحيط عنقه بمسبحة ضخمة، والديكتاتور العسكري يرتدي بدلةً حمراءَ مرصعةً بنياشينَ مزيفةٍ، والديكتاتور اليساري يُمسخ في زي أوروبي.

تميز العرض بأداء جماعي وفردي متميز، بدور محمد تألقت في دور شهيانة بانضباط حركي، وبقوة الأداء الصوتي الدرامي المعبر،

ونجح عبد الله الجفالي وعبد الله مسعود ومحمد بن يعروف وحميد عبد الله، في امتلاك ناصية اللغة العربية الفصحى من حيث الضبط اللغوي، ومن حيث الإلقاء الدرامي. اعتمد العامري على الاستعارات البصرية في خلق معادل بصري.

نجح العامري في مغازلة الاستعارات البصرية، فإذا كانت الاستعارة اللغوية تأخذ الجزء لتعطي معنى الكل؛ فإن استعارة الصورة البصرية، أخذت جزءاً من الصورة، لتشير لكل الصورة، فمثلاً في مشهد الرحيل، استعان المخرج بمجسم صغير لسفينة، وأكمل المشهد بالأضواء وصوت ارتطام، وفي مشهد للتعبير عن معركةٍ وجثثٍ ودماءٍ وأشلاءٍ، اكتفى المخرج بإنزال رؤوسٍ مقطوعةٍ، وأصابعَ مقطوعةٍ، تتدلى بخيوط من أعلى المسرح، في مشهد جمالي، ينسجم مع مضمون وفكرة ودرامية النص المسرحي، المتخم بالشعر روحاً ومعنىً، عبر إنتاج منظرٍ مسرحيٍّ، يشغل الفراغ بمفردات وحِيَل بسيطة، باستخدام تكنولوجيا بسيطة، في تحريك منصة شهيانة، وهي تجول بكل سلاسة دون أن يصدر أي صوت من الحركة الميكانيكية، كذلك تحرك الفنار من أعلى إلى أسفل الخشبة بمهارة وإتقان.

عتمة طمس المواجع

من دائرة الحياة الاجتماعية لعصرٍ ما قبل النفط، يختار المؤلف حميد فارس موضوع مسرحيته، ليقدمها من إخراج مبارك خميس وتمثيل جاسم وخلود وعبد الإله وربيع ومحمد وجميل وفهد لفرقة مسرح رأس الخيمة الوطني، في أول مشاركة للمخرج في أيام الشارقة المسرحية.

حكاية المسرحية تدور في إطار واقعي اجتماعي، بحبكة تقليدية عن قصة الحب في مواجهة عسف وتسلط أبٍ قاسٍ.. يبتدر الكاتب مسرحيته بالإشارة إلى نهلة بنت سعيد، ومكانتها في قلوب أهل القرية.. ثم مشهد غزل عفيف بين أصيلة بنت جابر بن نيشان والشاب سعود بن نهلة بنت سعيد، والتي ذهبت له في منزله للتعزية في وفاة والدته.. يكشف الكاتب عن استجواب عنيف من جابر بن نيشان لخادمه خميسان، بعد أن حمله مسؤولية خروج ابنته دون استئذان من المنزل.. بعد عودة ابنته يقوم بتعنيفها بقسوة في حوار صاخب، ومن ثم يذهب إلى منزل سعود ويهدده بالقتل ويعيره بأصله.. في

مشهد استرجاعي من الذاكرة، نتعرف على مشاهدة سعود لعملية اغتصاب والدته، من جابر بن نيشان، بعد أن علم بأن نهلة قد عرفت أسراراً من زوجته، باحت لها بها قبل وفاتها.. الأب المتسلط يريد تزويج ابنته غصباً وجبراً، ويستعد للاحتفال بالزواج. وفي حفل زواج أصيلة تحدث مواجهة، وتُكشف أسرارُ قتل جابر لسيف ابن عم زوجته، نتيجة لشكه في وجود علاقة سرية بين زوجته وابن عمها سيف.. وكذلك قتله لزوجته نهلة بنت سعيد.. في الخاتمة تهرب أصيلة إلى منزل سعود، وتقترح عليه الهروب معاً، ولكنه يتردد.. وعندما يحضر لهما جابر، يدافع سعود عن محبوبته أصيلة ويُقتل.

حبكة النص قامت على بناء تقليدي نمطي، بداية ووسطاً ونهاية.. مع أحداث صراع حددت أطرافه بثنائية جامدة، يتمترس فيها كل طرف في ناحية، وفقاً لأنماط شخصيات صمدية خيرة أو شريرة. شخصيات المسرحية تندفع إلى أفعال وسلوك، لم يتم فيها تقديم التبرير الدرامي الكافي، فشخصية جابر تغرق في ارتكاب جرائم قتل متتالية، دون أي إحساس بالخوف أو الندم أو التراجع، وشخصية سعود واجهت مشهد اغتصاب والدته، دون أي انعكاسات سيكولوجية تناسب رؤية هذا الفعل الشنيع، ليظل خانعاً وضعيفاً في مواجهة الظلم، ويعجز عن الدفاع عن محبوبته إلا في لحظة أخيرة.

قدّم المخرج عرضه وسط سينوغرافيا واقعية، لعدد من منازل القرية مع قطعة ديكور وحيدة، هي كنبة خشبية عتيقة. اكتفى المخرج

بمسار النص المسرحي حافراً بحافر، فالشخصية ذات البعد الواحد في النص، ظهرت أيضاً في العرض، فجابر متشنج وسعود متردد ومتخاذل ونهلة عاشقة لا تبالي.. في تسلسل الأحداث بداية من مشهد افتتاحي جميل، لمراسم عزاء نهلة بنت سعيد؛ امرأة بسيطة مكافحة تعمل في المنازل وتهب إلى مساعدة كل أهل القرية. جابر بن نيشان المعزب والمتشنج القاسي، يعنف الخدم بسبب فشلهم في مراقبة ابنته أصيلة، وعندما يخبره الخدم أن سعود بن نهلة يكتب الشعر متغزلاً في ابنته.. يتفجر غضباً ويذهب إلى منزل سعود ويهدده.. يلجأ المخرج إلى حيلة المشهد الاسترجاعي لعملية اغتصاب والدته من جابر بن نيشان؛ وهو يقول لها سوف أكسرك بعد أن علم بمعرفتها سرّه الذي أفشته زوجته قبيل وفاتها.

وبعد أن يقرر تزويج ابنته غصباً، تهرب الابنة إلى حبيبها، طالبة العون فيخذلها، وفي مشهد الختام ـ وبعد صراع واشتباك مع سعود وهو يحمى محبوبته ـ يكشف سعود عن أسرار أخرى، وهي قتل جابر لسيف ابن عم زوجة جابر، لشكه في علاقة محرمة.. تنطلق رصاصة في نهاية مبهمة، تحير المشاهد، ويَرِدُ سؤال: مَن الذي قتل؟ سعود؟ أم جابر؟ أم نهلة؟ أم الرصاصة قد طاشت.. شابت الأداءَ الصوتيَّ عثراتُ مخارجِ الحروف، وغيابُ التلوين الدرامي. وأسهم الزي الموحد ـ وكأنه يونيفورم ـ في تسطيح البعد المادي للشخصيات بالتشابه، وسط فيض العتمة، التي حَرَمَت المشاهد من

مشاهدة تعبيرات الانفعال في وجه الممثل. في بعض مشاهد العرض، غاب الاتصال الوجداني، رغم الاتصال الجسدي والاقتراب إلى حد الالتصاق، على سبيل المثال: في مشهد المناجاة والغزل بين سعود وأصيلة، انقطع سريان كهرباء التواصل الإنساني.. يبقى شعاع خافت من الضوء وسط عتمة العرض، وهو صوت موسيقى آلة الطنبورة الشعبية، بلحنها الشجي وهو ينساب خجولاً بين ثنايا المشاهد.

إشارات نقدية على عروض
أيام الشارقة المسرحية

شهدت الدورة التاسعة والعشرون، لأيام الشارقة المسرحية، عدداً من العروض المسرحية المتنوعة، منها عرض مستضاف: الطوق والأسورة، كأفضل عمل مسرحي عربي، وعرض من مهرجان المسرحيات القصيرة، وستة عروض داخل المسابقة و4 عروض على هامش المسرحية، والعروض حملت عناوين: الطوق والأسورة، مجاريح، الساعة الرابعة، تلايا الليل، أبو شنب، العرجون القديم، أحمد بن سليمان، بذور الشر، صينية الشغور، بنات النوخذة، مغامرة رأس المملوك جابر، مزيد من الكلام.

مسرحية الساعة الرابعة:

من إخراج إبراهيم سالم وتأليف طلال محمود، قدمت في اليوم الخامس في المهرجان، من أداء فيصل علي في دور المحامي ومحمد جمال في دور رجل الدين وعبد الله محمد في دور الصبي،

وآلاء شاكر في دور لارا، وبسملة علاء الدين في دور الطفلة.. يبدأ العرض بصوت دقات الساعة البارزة في أعلى الخشبة، وسط ديكور واقعي بسيط، يتكون من كنبة في اتجاه داخل المسرح وكنبة أخرى في مواجهة الجمهور، وعدد من المقاعد الصغيرة، وساعة حائط، تبدأ شخصيات العرض بدخول المحامي، الذي يعجز عن التوقف، من إصدار السباب، ورجل الدين المتزمت والمرأة المسيحية والطفلة والطفل؛ شخصيات باضطرابات نفسية متنوعة، تحمل قدراً كبيراً من الدرامية.. وساوس قهرية وارتباك واضطرابات نفسية.. رجل الدين خائف على ممتلكاته ومنزله.. المرأة المسيحية لارا مصابة بوسواس النظافة القهري.. الطفلة تعاني من نوع نادر من الاضطراب النفسي، وهي تردد العبارات أكثر من مرة، والطفل يتحاشى الخطوط ويقفز فوقها. كل هذه الشخصيات غير الاعتيادية يجمعها موضوع طريف، وهو تزامن وقت مقابلتهم للطبيب، الذي لا يأتي في الساعة الرابعة، في حين تقوم ممرضة بالإشراف عليهم. تبدأ كل شخصية في التكشف من خلال الحوار والأحداث، يحكون عن معاناتهم الداخلية والالتباس، والنفور والاستهزاء مع العائلة في الوسط الاجتماعي، وفي العمل في الوسط الوظيفي.. تتفاعل هذه الحبكة الطريفة مع شخصيات تعاني ما تعاني، في أحداث ومفارقات وسط أداء منضبط محكم، يحسب للمخرج إبراهيم سالم؛ قائد أوركسترا الأداء، ويعكس اعتكافهم على تدريبات طويلة وشاقة وصارمة، تتسلل الكوميديا؛

كوميديا موقف، تنتزع ضحكات الجمهور دون ابتذال او افتعال، وتبدو صورة المريض النفسي طبيعية، قريبة من الجمهور، تتمتع بحس الفكاهة والمرح، على عكس ما يقدم في المسرحيات والدراما التلفزيونية؛ كشخص عدواني متجهم يجب الابتعاد عنه.. بلغة عربية جيدة ومخارج صوتية سليمة، يتيح العرض احتمالات متعددة للتأويل، عن كنه هذه الشخصيات، وعن انتقال من حالة الاضطراب النفسي الفرداني، على توازٍ مع اضطراب واختلال قيم مجتمعية، تقود إلى ساحة اختلال الكل، بسبب اختلال الجزء.. ينحو العرض إلى مازوشية ذاتية، تكبل الفرد وتحاصره في أزماته، التي يغادرها وهو يتكشف أمام الآخر بالحوار والحكي والمؤانسة والمصيبة التي تهون في رحاب مصائب الآخر، هي حيلة من حيل العلاج النفسي المجربة، في وضع المرض النفسي وسط بيئة متصالحة، يجد فيها الرفقة والأمان.. تظهر المفاجأة في نهاية العرض، عندما نكتشف أن الدكتور المنتظر، هو المحامي الذى لجأ للتخفي حتى يضع المرضى أمام صورة ذواتهم في المرآة- الكاشفة، عبر الآخر، عبر الحوار الحميمي الإنساني.. نجح العرض في التماسّ الرشيق مع أفكار التسامح والقبول بالآخر.. نجح المخرج في تقديم عرض ممتع بسيط، خالٍ من الفذلكات الإخراجية، بوسائل متقشفة في الإضاءة والموسيقى البسيطة والديكور الخالي من الزخرفة، والمتجه إلى الوظيفة الاستعمالية للأشياء، كما نجح أبطال العرض في الأداء، وخاصة الممثل فيصل

علي في دور المحامي، وجمعة علي في دور رجل الدين المتزمت، والموهبة بسملة في تجربتها الأولى.

مسرحية تلايا الليل:

في العرض السابع للأيام، قُدّمَت مسرحية تلايا الليل، من تأليف وإخراج مرعي الحليان. كعتبة أولى للعرض المسرحي يبدو الاسم لافتاً: تلايا الليل. والتلايا هي الهزيع الأخير من الليل؛ زمن الصفاء والتأمل في لحظات السكينة، حيث النجوى والمناجاة والإصغاء لأصوات الحب والحنين.. هذا الزمن لصوفية العشق الإلهي في مساجدهم وإشراقهم وذوبانهم في الذات العليا، كما هو زمن العشاق في نداءاتهم التواقة لوصال المحبوبة.

ماذا يريد المخرج مرعي الحليان أن يقول؟ وماذا يريدنا أن نشاهد؟ وهو يدخلنا في ثنايا التلايا، بإظلام للقاعة، مصاحبٍ لأغنية شجن قديم للمطرب الكويتي مصطفى محمد يشدو:

ترى الليل عودني على النوح والسهر..
يذكرني بياع الهوى وانا شاري..
عشير صفالي بالهوى أمر
أحبه واداري الود وكم بحت له أسراري

لندلف لمشاهدة خشبة مسرح في فضاء مفتوح، خالٍ تماماً من الديكور، تشكله الإضاءة التجريدية، تحاول صنع أمكنة متوهمة

داخل المشهد، ببقع ومساقط ضوئية، تضع الممثل وحيداً معتمداً على أدائه الحركي واللغوي، لترجمة النص وفقاً لرؤية المخرج الإبداعية، عطفاً على مونولوجات وديالوغات بين أبطال العرض.. الشاب الذي يعاني من سطوة الأب وهيمنته، يحاول صناعة نسخة أخرى، والبنت المعشوقة المتمردة؛ ابنة الرجل المتدين وهي تسير بعيداً عن قيود العادات والتقاليد، تصاب بهوس وسائل التواصل الاجتماعي، تعمل كعارضة أزياء تمتلك المال وجائعة للشهرة وعدد المعجبين في شاشات الإنترنت والهواتف الذكية. جسد شخصية الشاب الممثل بدر الكمالي، وجسدت دور الشابة الممثلة دلال الياسري.. شابَ الأداءَ بعضُ الحماسة والانفعال، مما أثّر في شاعرية الحوارات ومقاطع الشعر، مثل قصيدة الشاعر الراحل أحمد راشد ثاني: «يا الماكل خنيزي.. ويا الخارف ذهب».

بعد زواج الشاب من حبيبته تعود ذكريات طفولته في رومانسية العلاقة، وتعود أشباح قسوة الأب، الذي أدى دوره الممثل خالد البناي.. تعود ذكريات القسوة والهيمنة ومعاناة الانكسار وهزائم الروح المكبلة.. الأب يموت سكيراً ملقىً في الشارع ووالد المحبوبة رجل متدين مداوم على الصلاة ومجاورة المسجد.. هذا التناقض نجد صداه في العلاقة الزوجية بين قطبين متنافرين.. الزوج عاجز عن الخروج من أسر الماضي، والزوجة تنطلق متحدة القيود بجموح، يمسخ شخصيتَها فتبدو كإنسانة ضائعة.

دان العرض الماضي تزمت الأب وتأثيره السلبي على شخصية الابن، كما دان بالقدر نفسِه الحاضرَ بسيطرة التكنولوجيا والقيم الزائفة.

غالبية النصوص المشاركة من تأليف كتاب إماراتيين باستثناء نص أبو شنب من تأليف أحمد الماجد، ونص مغامرة رأس المملوك جابر من تأليف سعد الله ونوس.

قضية اضطهاد المرأة حضرت بقوة في نصوص مسرحيات: أحمد بن سليمان. العرجون القديم. بنات النوخذة.. مجاريح. مع اختلاف انحياز الكتاب للمرأة، ففي نص مجاريح نجد حضورها قويّاً وإيجابيّاً، رافضة للاضطهاد ومدافعة بشراسة عن حريتها وكرامتها، على عكس الصورة السلبية للمرأة؛ رهينة العجز والخضوع، المكبلة بالسلبية، في نصوص العرجون القديم وأحمد بن سليمان ومزيد من الكلام. ليبرز تساؤل منطقي: هل تناولت النصوص واقع المرأة الإماراتي، في مجتمعها الحديث المتطور، وهي تحصل على أرقى الدرجات العلمية، وتتبوأ مناصب عليا في الوزارات والمجلس الوطني والسلك الدبلوماسي، وتقع على عاتقها أشرف المهام في تعليم الطلاب وتربيتهم، في كل المراحل التعليمية، وعلى الخصوص؛ مراحل الروضة والتعليم الأساسي.

عدد من النصوص المسرحية، أعيد إنتاجها بعد أن قدمت في الدولة وفي دول الخليج، مثل عرض مجاريح، تأليف إسماعيل عبد الله،

وعرض أحمد بن سليمان تأليف ناجي الحاي، الذي قدم في الدولة، وعرض بنات النوخذة؛ تأليف باسمة يونس، يُقدّم بعد كتابته بسنوات طويلة، كذلك نص مسرحية مزيد من الكلام تأليف صالح كرامة.

رسخ الكاتب إسماعيل عبد الله اسمه المتميز محليّاً وخليجيّاً وعربيّاً، بنصه البديع مجاريح، بلغته الشاعرية المتصلة بالفعل والدراما.

نضجت تجربة محمد العامري الإخراجية في إخراجه لمسرحية مجاريح وحصولها على جائزة أفضل عمل متكامل، وأصبح صاحب أسلوب مسرحي متميز واضح البصمات، لتبدو ظلاله في عروض مسرحية على المستوى المحلي وعلى مستوى عروض من دول الخليج.

تألق المخرج إبراهيم سالم في عرضه الساعة الرابعة، وحصد جائزة أفضل إخراج ليحصل على إشادات مستحقة، من النقاد وتصفيق كبير من الجمهور، وقاد مجموعة طاقمه التمثيلي، لحصد عدد كبير من جوائز التمثيل.

كما نوهت لجنة التحكيم بأن الأداء النسوي في العروض المسرحية، كان لافتاً ومتطوراً، ونذكر على سبيل المثال، بدور وسارة في مسرحية مجاريح، وعبير الجسمي في مسرحية أحمد بن سليمان، وآلاء شاكر في مسرحية الساعة الرابعة. ومن مظاهر الحضور الإيجابي للمرأة في مجال التأليف، نص مسرحية بنات النوخذة لباسمة يونس وفي الإخراج إلهام محمد.

من إشراقات عروض المهرجان، الموهبة الصاعدة بقوة؛ أحمد عبد الله راشد، بإخراجه لمسرحية رأس المملوك جابر، والتي حظيت بتقريظ النقاد وإعجاب الجمهور.

تميزت عناصر العرض المسرحي، وخاصة السينوغرافيا المدهشة لمحمد العامري في مجاريح، باعتماده على علامة أيقونة، وهي الحبال ببعدها الوظيفي الدلالي، كرمز للقيود التي مزقتها المرأة فعلاً ومعنىً، وببعدها الجمالي في تزيين أطراف الخشبة، وفوانيسها المضاءة، كذلك تميزت سينوغرافيا مسرحية العرجون القديم للمخرج علي جمال، بتشكيلة للعرجون كوحدة أولية، جسدت المنزل والخيمة والنخلة في انتقالات سلسة ومبسطة. وفي الموسيقى والمؤثرات أبدع الأميري في مسرحية مجاريح بطبوله الصاخبة وهبانه الشجي. وسطعت إضاءة مسرحية العرجون القديم لعلي جمال، وعلي خدوم، وإضاءة مسرحية تلايا الليل لمحمد جمال.

شهدت عروض المهرجان عودة الممثل المخضرم، د. حبيب غلوم بدور غانم في مسرحية مجاريح، وأكد خبرته التي زادتها السنين صقلاً وإبداعاً، وعودة الممثلة القديرة فاطمة الحوسني في مسرحية أحمد بن سليمان، واستمرار عطاء الفنان خالد البناي في مسرحية تلايا الليل.

اتسمت بعض عروض المهرجان بالغموض وغياب البناء الدرامي، فمسرحية بذور الشر غاب فيها النص الدرامي؛ واضح

المعالم، وبدت الفكرة وكأنها جنين يتخلق ويتحول داخل فضاء الأداء المباشر، المرتهن لردة فعل المتفرج المحاصر باللون الأسود والمكان غير التقليدي الخانق، وبممثلين في اتصال مستفز ومباشر ومقتحم للصالة، ليس بغرض التواصل أو الحوار، وإنما بغرض نقل حالة العنف والاضطراب والتشتت بلغة مهشمة، غير معنية ببناء أفكار متبادلة بمقولات مستعارة من نصوص أخرى، مما خلق حالة من التشتت يبدو أن المخرج يقصدها.

وفي عرض العرجون القديم، اهتم المخرج ببناء مجازات بصرية مدهشة باقتدار تقني في توظيف الإضاءة، وتحوير عنصر ديكوري واحد، وهو العرجون، ليتحول من سرير إلى باب إلى منزل إلى ستار.. انشغل المخرج بالجانب المرئي للعرض دون العناية بخط درامي محكم متصاعد، مع إهمال لبناء شخصيات مقنعة في تحولاتها الدرامية، فسلمى المرأة القوية الجسورة المسيطرة؛ حاملة تاريخ تعرضت فيه للاغتصاب وشاركت فيه بقتل أبيها انتقاما لمقتل أمها، تتحول إلى امرأة خاضعة لرجل مقهور، هو أيضاً يتحول من مقهور إلى قاهر دون مسوغات وأحداث مبررة.

نجحت بعض العروض في اختراق الزمن التاريخي الماضي، لزمن معاصر وراهن، فمسرحية تلايا الليل، حملت أجزاءً من أحداثِها الزمنَ الراهن لامرأة تعيش في خضم حياة عصرية، وهي تعمل في مجال الاستعراض، وتنساق إلى عالم لاهث من الشهرة والإعلام،

لتصبح أسيرة لهاجس التواصل المستمر في وسائل التواصل الاجتماعي، وتستبدل بحياتها الواقعية حياةً في عالم الافتراض. وينجح المخرج في التعبير عن طغيان عالم الميديا، في مشهد حوار بين رجل وامرأة، يُنقل مباشرة عبر الأثير، إلى شخصيات متعددة في أماكن مختلفة على امتداد العالم.

وفي مسرحية «أبو شنب» تتماس الأحداث مع الراهن، لأسرة تعيش مفارقة افتراض وجود حيوان مفترس في منزلها. ليقتحم عالمها مراسل تلفزيوني يلهث وراء السبق الصحفي، وإرهابي معاصر يهدد بتفجيرات، وباحث اجتماع يبحر في عالم الميديا، ومدرس علوم يدعو للمحافظة على البيئة. فتتحاور كل هذه الشخصيات في قضايا حياتية اجتماعية حديثة وراهنة.

أكدت عروض أيام الشارقة المسرحي، المسيرة الصاعدة والمتطورة للمسرح الإماراتي، والتي تزداد رسوخاً وتفوقاً على نطاق المسرح، في دول الخليج، وتسير قدماً للمنافسة القوية على مستوى العروض العربية، لتتأهب لحصد جوائز في المهرجانات العربية.. ولا شك أن الدعم الكبير والرعاية الواعية من سمو الشيخ الدكتور سلطان بن محمد القاسمي للمسرح الإماراتي، تؤتي ثمارها بعد تشييد المسارح وتنظيم المهرجانات والورش التدريبية، وبشارة افتتاح معهد المسرح في الشارقة.

عروض من مهرجان كلباء للمسرحيات القصيرة
الدورة الخامسة 2019

انطلق مهرجان كلباء للمسرحيات القصيرة في العام 2015، برؤى مستقبلية تهدف إلى اكتشاف المواهب وصقلها بالورش والدورات التدريبية، وهو فضاء مفتوح للتجريب واختبار القدرات، كما يتميز بخصوصية نوعية في العروض المعدّة من مسرحيات عربية وعالمية، وباشتراطات اعتماد ديكور من مواد بسيطة، مثل مكعبات، وأن لا تتجاوز فترة العرض نصف الساعة.. نجح المهرجان في اكتشاف أسماءٍ جديدةٍ لشباب إماراتيين؛ أصحاب موهبة، أمثال: أحمد عبد الله راشد ومحمد جمعة وسعيد الهرش، ومن بعدهم يوسف القصاب ويوسف المعيني.

في الدورة الخامسة، شاركت عشرة عروض مسرحية.. ارحمني يا شكسبير، إخراج محمد جمعة.. منظر طبيعي، إخراج خالد الفقاعي.. في انتظار غودو، إخراج جاسم غريب.. في انتظار غودو، إخراج

راشد دحنون.. لير ملك النحاتين، إخراج سعيد الهرش.. العطش،
إخراج يوسف المغني. شيء ما يتكتك هناك، إخراج أحمد عبد الله
راشد.. مدن من رماد، إخراج يوسف القصاب.. صائد طيور الجحيم،
شعبان سبيت.. مأساة الحجاج، إخراج رامي مجدي. وجاءت غالبية
النصوص لكتاب من المسرح العالمي، على النحو التالي: نصان
لهارولد بنتر.. نصان إعداد عن نصوص لشكسبير.. نصان لصامويل
بيكيت، ونص ليوجين يونسكو، ونص لكاتب مَجَري، ونص لكاتب
ياباني، ونص لفاروق جويدة.. اخترنا عدداً من العروض لفحصها
نقديّاً على النحو التالي:

مسرحية مأساة الحجاج:

من إعداد وإخراج رامي مجدي، وأداء كل من أحمد بركات في
دور الحجاج، حنان دحلب في دور سعاد، هشام البياع في دور طالب
علم، محمود يوسف في دور النجار، محمد ممدوح الجام ووائل
يوسف في دور الخادم.. تم إعداد النص من مسرحية مأساة الحلاج،
لصلاح عبد الصبور، ومسرحية دماء على أستار الكعبة لفاروق
جويدة. اعتمد الكاتب على نص جويدة الحافل بالرموز والإشارات
السياسية في صياغة حكاية العرض، مع إضافة أشعار من مسرحية
عبد الصبور بكثافتها الشعرية وعمقها الفلسفي.

تفرعت أحداث المسرحية، عبر قصة سعاد التي هام بها
الحجاج، وهي في عشقها ووفائها لإنسان بسيط، وفي خط آخر

تعكس الأحداث فكرة كيفية صنع الديكتاتور من ضعف العامة وخوفهم. في مشهد الافتتاح يدين العامة بصمتهم عن قتل الحلاج، وهتافهم للحاكم الظالم الحجاج.

اختار المخرج أسلوب السهل الممتنع في سينوغرافيا العرض البسيطة، في خشبة فارغة إلا من كرسي ضخم، جسد المفارقة بين ذات الديكتاتور المتضخمة، وحالته الجسدية. استخدمت الإضاءة في حدها الأدنى الاستخدام الجمالي، وتزينت الموسيقى بإيقاعات طبول وإنشاد صوفي بديع. تمثل في الأداء أحمد بركات في دور الحجاج، وحصل على جائزة في التمثيل، ومفاجأة العرض حنان دحلب في دور سعاد الواقفة للمرة الأولى على خشبة المسرح، حاصدة جائزة في التمثيل النسائي.

مسرحية لير ملك النحاتين:

إعداد حسن يوسف، وإخراج سعيد الهرش، عن نص الملك لير لشكسبير.. تدور أحداث المسرحية حول ملك يعيش وسط تماثيل من إبداعه، يتحاور معها وهي تتحول لشخصيات حية (يخطر في البال نص بيجماليون لبرنارد شو، المستوحى عن أسطورة يونانية، عن المثال الذي يقع في حب تمثاله الذي صنعه)، في حوارات عن الحكم والعدل والسياسة.. عكس الكاتب ترتيب الأحداث في نص شكسبير، فحكاية تقسيم ملك لير بين بناته الثلاثة في بداية النص، جاءت عند سعيد عند محاورة الملك لتمثيله في ختام النص. تناص العرض مع

فكرة الديكتاتور مع نص شكسبير، وابتعد عن النص الأصلي، في ترتيب الأحداث واستبدال الشخصيات، حتى بدا سؤال مدى علاقة نص حسن يوسف بنص شكسبير منطقيّاً.. حشد المخرج خشبة المسرح بالعديد من الكتل والمجسمات من سلالم وتماثيل وأوراق صحف وحبال وقطع إكسسوار، للتعبير عن الحالة النفسية للملك في حيرته وقلقه، والمأزوم بالهلاوس والرؤى، وسط إضاءة معتمة وملابس عتيقة، داكنة اللون البني.. تميز الممثل محمد عادل في دور الملك لير وحصد جائزة في التمثيل.

مسرحية طيور الجحيم:

من إعداد وإخراج شعبان سبيت.. هاني عبيد في دور إيما نبيل.. محمد سالم في دور كيويورى.. عبيد علي عبيد عفريت الملك.. وعلي جمعة وعبد الله علي ومحمد سالم وأحمد علي وجمعة ربيع وإبراهيم عبد الله، في أدوار العفاريت عن نص صائد طيور، لكاتب ياباني مجهول، من نصوص مسرح النو الياباني، وهو نوع من أنواع مسرح التراث الياباني، خرج من التقاليد الأرستقراطية والدينية، يقدم نصوصاً في غاية البساطة وإن حملت رموزاً وروحانياتٍ وحكماً، مع العناية بحركة جسد بطيئة الإيقاع باستخدام الأقنعة والموسيقى التقليدية.. يحكى العرض عن شاب يقدم لمحاكمة بسبب صيد الطيور، وعندما يسأله الملك في المحاكمة عن فعلته، يشرح له صيد الطيور ويقدمها له، فيعفو عنه الملك. هذه الحكاية الصغيرة قدمت في إطار

جمالي، تزين بالرقصات الإيقاعية والملابس الملونة والأقنعة جيدة الصنع، بمصاحبة موسيقى طبول إيقاعية وإضاءة باهرة، مشرقة الألوان الزاهية.. طعّم المخرج عرضه بروح كوميدية جزلة، نجح في تأطيرها طاقمه التمثيلي من جوقة العفاريت.. استفاد المخرج من مهارته كتشكيلي رسام ونحات في صناعة الأزياء والأقنعة وسينوغرافيا زينت الخشبة.. يحسب للمخرج الشاب شعبان سبيت التفاته نحو مسرح لم يعرف كثيراً في الساحة المسرحية العربية، ونجاحه في خلق مشاهد مسرحية، شبيهة بروح المسرح الياباني، في حركة الجسد والاستعانة بالأقنعة وموتيفات الموسيقى الآسيوية.

مسرحية في انتظار غودو:

تأليف صامويل بيكيت، إعداد راشد دحنون، تمثيل هاكوب عيد وراشد دحنون.. كان أمراً لافتاً في عروض المهرجان، اختيار نص بيكيت؛ في انتظار غودو، من قبل المخرج جاسم غريب، والمخرج راشد دحنون.. نص راشد دحنون المعدّ، ظل وفيّاً للنص الأصلي، ولم يضِف شخصياتٍ أو حواراً جديداً.. النص الأشهر يجسد مقولات الفلسفة الوجودية في انعدام الأمل وعبث الانتظار ولاجدواه.. أخذ المخرج شخصيات العرض من مرحلة الشيخوخة إلى مرحلة الشباب، وافتتح عرضه خارج الخشبة بين الصالة والخشبة، ثم يتم الانتقال فوق الخشبة وسط ديكور فقير تكاد تخلو الخشبة من الديكورات، في ما عدا شجرة عجفاء، وأحذية مهترئة نشرت عشوائياً. نجح الممثل راشد في

دور ديدي والممثل راشد في دور غاغو.. برع كل من هاكوب وراشد في التعبير عن حالات الضجر، بحوارات مشتتة ومفردات غامضة وبأسلوب أدائي، يهتم بالانفعالات الداخلية والحالات الوجدانية، وإن جاءت حيوية الأداء خصماً على المناخ النفسي للنص، المتسم ببطء الإيقاع وسوداوية الرؤية.

مسرحية شيء ما يتكتك هناك:

من إعداد أحمد عبد الله راشد، عن نص مجافاة العقل للكاتب المجري هوباي ميكلوش، وإخراج أحمد، الذي سبقت له المشاركة في عدد كبير من دورات المهرجان في الدورات السابقة، بعروض قصة حديقة الحيوان، وأغنية التم ورأس المملوك جابر، الذي قُدم على هامش مهرجان أيام الشارقة المسرحية.

العرض من أداء عبد الله الخديم في دور مدير الخشبة، خالد الظنحاني في دور الملك لير، أسامة المراشدة في دور مساعد المخرج، حمادي المحيل في دور رجل الإطفاء، حمد الظنحاني في دور كومبارس.

يتناول العرض موضوع فرقة مسرحية تتدرب على أداء مسرحية الملك لير لشكسبير، وأثناء انهماكهم في العمل، يتوهمون الاستماع لصوت يتكتك، فسروه بأنه قنبلة على وشك الانفجار، يشعرون بالانزعاج ثم الخوف والتوتر.. ينتقلون لحالة من تداعي الذكريات

في هذه اللحظة الدرامية الفارقة، فتتفجر الهواجس الداخلية والأحلام والآمال والذكريات، وينفلت زمام الحوار المسرحي بعيداً عن النص المعدّ، ويصبح الحدث والحديث واقعيّيْن.

لجأ المخرج إلى أسلوب المسرح داخل المسرح، والحكاية التي انسلت لمسار آخر أكثر حميمية لشخصيات واقعية، ذات قضايا واهتمامات يومية مباشرة، تنفصل عن الشخصية المسرحية.

نجح المخرج في توظيف صوت القنبلة كذريعة للتحول في الأحداث والشخصيات والحوار.

سينوغرافيا العرض البسيطة؛ من منضدة وكرسي وأجهزة كشف القنابل، نجحت جماليّاً في إضفاء مشاهد معبرة، مع توظيف جيد للإضاءة وأداء متجانس من فريق العمل، وتميز للممثل عبد الله الخديم، توج بحصوله على جائزة من جوائز التمثيل.

مسرحية في انتظار غودو:

نص مسرحية في انتظار غودو، لكاتب العبث صامويل بيكيت قدم للمرة الثانية في المهرجان، بإعداد وإخراج جاسم غريب، وأداء كل من طلال البلوشي في دور غوكو، فيصل علي في دور فلاديمير، حمد الكمالي في دور بوزو، حمد إبراهيم في دور الصبي، خالد بلال في دور لاكي.

اختار المُعِدّ جاسم غريب إدخال الكثير من الإضافات على النص الأصلي، وأقحم شخصيات بوزو والصبي والكلب.. واستبدل بحوارات النص الأصلي المبهمة والمتقطعة، حوارات واضحة ومنتجة بين الشخصيات.. في محاولة للتعبير عن أفكار ضد الهيمنة والعبودية واضطهاد الإنسان بصورة واقعية، منفصلة عن المناخ النفسي للنص، والعبث بملامحه الغامضة والتشاؤمية من عدة آفاق وآمال.

اجتهد طلال قمبر في دور غوكو، وفيصل وخالد وحمد في أداء شخصيات تنتمي إلى مسرح العبث بأسلوب واقعي، يختلف عن أسلوب الأداء في مسرح العبث، وجاء أداء الطفل حمد مدهشاً في الدور القصير الذي جسده على الخشبة في دقائق معدودة، وأكد مقولة أن ليس في المسرحية دور كبير ودور صغير، وإنما ممثل كبير وممثل صغير، ليحصد جائزة من جوائز التمثيل.

مسرحية ارحمني يا شكسبير:

إعداد وإخراج محمد جمعة، من نصوص مسرحيات شكسبيرية.. محمد جمعة مخرج شاب، شارك بعروض المهرجان منذ سنوات التأسيس الأولى، وحصل على عدة جوائز في المهرجان ومهرجانات المسرح المدرسي ومسرح الطفل وأيام الشارقة المسرحية.

مزج الكاتب بين مسرحيتي شكسبير: عطيل وروميو وجوليت، من زاوية صراع الحب والخيانة والخير والشر، بروح عصرية،

تلامس القضايا الاجتماعية الراهنة عبر حوارات روميو وجولييت، وعطيل وديدمونة مبرزاً مشاعر الحب والغيرة العمياء والعادات والتقاليد الاجتماعية.

استعان المخرج فنيّاً بعدد من الحلول الإخراجية والتقنية، ساهمت في إبراز جماليات السينوغرافيا بديكورات بسيطة، وُزعت بتنسيق هندسي حافظ على الميزانسين، لعبت فيها الإضاءة الشاعرية الملونة عنصراً جماليّاً ممتعاً، بمصاحبة نغمات موسيقية شعرية حزينة.. لتفوز سينوغرافيا العرض بجائزة أفضل سينوغرافيا في المهرجان، وإشادة من الجمهور والنقاد.

مسرحية منظر طبيعي:

إعداد وإخراج خالد الفقاعي عن نص للكاتب الإنجليزي هارولد بينتر.. وقد سبق للمخرج خالد أن شارك في المهرجان بمسرحيات، مثل أناس في الريح والأستاذ. شارك في الأداء كل من خالد الفقاعي في دور داف، ومريم الزرعوني في دور بيث.

تحكي المسرحية عن زوجين تقدم بهما العمر.. الرجل في نهاية الخمسينيات والمرأة في نهاية الأربعينيات، يجلسان في الخشبة على كرسي، كل في زاوية يتحدث ناظراً إلى البعيد، لا يلتفت لشريكه القريب في الجانب الآخر، تحكي الزوجة في اتجاه الماضي، حيث ذكرياتها من قصص الحب والإعجاب برجال مروا في حياتها، وتبقى

ذكرياتها، وفي اتجاه الحاضر يتحدث الزوج للزوجة عن علاقتهما وحبه لها وتفاصيل حياتهما اليومية. ويظل الحوار مبتوراً عاجزاً عن إنتاج المعنى، قد يلتقط الزوج معنًى في حديث الزوجة، وقد تلتقط الزوجة كلماتٍ عابرةً من حديث الزوج، دون أن ينتج التواصل الإنساني عبر اللغة، وكأنهما في جزر معزولة، وكأنها إدانة لواقع الحياة الاجتماعية الراهنة؛ الفقيرة في روحها الإنسانية. نجح المخرج في إنتاج عرض مسرحي، لا يخلو من المتعة رغم سوداوية الرؤية، في مسرحية بينتر، والتي صنفت ضمن مسرح العبث، وإن اختلفت قليلاً عن العبث بلغتها المفهومة.. اقتصد المخرج في استخدام مفردات ديكورية تنحصر في كرسيين وقطع بسيطة من الإكسسوار، ونجح الممثل خالد والممثلة مريم في تقديم أداء يتسم بالتلقائية، بأسلوب إخراجي يبتعد عن العقد وحيل الاستعراض المشهدية.

مسرحية العطش:

من إعداد يوسف المغني، عن نص للكاتب يوجين يونسكو؛ أحد رواد مسرح العبث. المخرج يوسف يخوض تجربته الإخراجية ولم يتجاوز عمره السابعة عشرة وإن سبق له أن شارك بالتمثيل في مهرجانات سابقة.

شارك في الأداء كل من عبد الله إبراهيم في دور هو، ونوف الكعبي في دور هي، وعيسى علي سالم في دور مدا وفجر عبد الله

في دور روح، ثم أحمد عبد العزيز وبلقيس يوسف وسعود درويش وعمر مبارك ومحمد مبارك في أدوار أصوات.

يحكي العرض عن مجموعة تعيش تحت وطأة الفقر والحرب، يعانون الجوع والفاقة، وينقطع عنهم المطر، لتتحول حياتهم إلى جحيم ويبزر سلوك منافٍ للقيم، وتسود مشاعر الكراهية، والبغضاء، والصراع. جسد المخرج الأحداث على خشبة مسرح خالية، لتكون السينوغرافيا من أجساد الممثلين، ومن ألوان أزيائهم السوداء، يتحركون بطريقة منظمة، وبتشكيلات حركية جمالية، بالتوافق مع موسيقى ذات نكهة شرقية، ومزج بين صوت الأذان وصوت الموسيقى وإضاءة ملونة بسيطة.

أخذ الكاتب نص يونسكو وحوره إلى نص معاصر أكثر واقعية، يهتم بقضايا الإنسان ومصاعب الفقر ومصائب الحروب.. وتميز المخرج في إدارة المجاميع في الحركة والرقصات، ليقدم عرضاً مسرحيّاً خفيف الظل، ينبئ عن قدوم مخرج شاب، صاحب موهبة جديرة بالاعتناء والرعاية.

قراءة في عروض مهرجان المسرح الصحراوي
الدورة الرابعة

لبنات في جدار المصطلح

انطلاقاً من رؤية سمو الشيخ الدكتور سلطان بن محمد القاسمي، عضو المجلس الأعلى حاكم الشارقة، نحو مسرحٍ عربيٍّ جديدٍ، في الشكل والمضمون، يخرج من جدران العلبة الإيطالية، فضاء شاسع، يمتد أفقيّاً ورأسيّاً، ويحمل مضامينَ وقيماً فكريةً، لثقافة إنسان الصحراء.. وبتوجيهاته السامية انطلق منذ أربع سنوات، مهرجان المسرح الصحراوي (طامحاً أن يكون منصة إبداعية جديدة أكثر من مناسبة احتفالية سنوية، تستضيف فيها العروض المنتجة حديثاً، ويسعى أن يكون مشروعاً للتطور والإضافة إلى ما نعرفه من أشكال العروض المسرحية العربية، ومن خلال إعادة التفكير حول المفاهيم والمعارف السائدة، ويطمح المهرجان أن يكون مختبريّاً أو ورشة عمل لطرح الرؤى والتصورات والحلول، التي تسهم في تجديد خبراتنا وطرق عملنا، وفي استكشاف الإمكانات والسبل الجديدة..

وفي استرشاد الدائرة والرؤى السديدة لسمو الشيخ الدكتور سلطان في كل ما تقترحه من برامج ومشاريع فنية وثقافية، وهذا المهرجان من وحي ملاحظات سموه حول ما يجدر بالمسرح العربي في الوقت الراهن أن يطرقه، من مضامين وأفكار وأسئلة وما ينبغي أن يحاول اختباره من أسئلة وتجارب واحتمالات).

نحاول في قراءتنا لعروض المهرجان في دورته الرابعة، أن نحاور أسئلة مصطلح المسرح الصحراوي، وتبين المسافة التي عبرناها نحو تأصيل مصطلح المسرح الصحراوي، وهو في طور التخلق والارتقاء، مستصحبين رؤية دائرة الثقافة المنظمة للمهرجان، وأسئلة باحثي المسرح، مثل د. جمال ياقوت في سؤاله المحوري: هل نقترح مسرحاً للصحراء أم مسرحا في الصحراء..؟ ونختبر افتراضاته عن طموح المسرح الصحراوي ونصيغها أسئلة؛ هل نجح المسرح في الذهاب لجمهور في الصحراء؟ وهل نجح المسرح الصحراوي كإطار تجريبي جديد؟ وهل أسهم المسرح الصحراوي في إيجاد هوية بسمات عربية؟ وهناك تساؤل آخر: (هل نترك التجارب المسرحية التي تذهب إلى الصحراء دون الإشارة إلى خصائصها من حيث الشكل والمضمون). وسؤال د. مصطفي رمضاني: (هل من الممكن إضفاء مشروعية على مفهوم اصطلاحي عبر إقامة نشاط مسرحي؟). وافتراض د. حازم كمال الدين: (الصحراء تشغل حيزاً واسعاً في فضاء جغرافيا البلاد العربية.. والأحرى أن تشغل

حيزاً أيضاً في فضاء الثقافة والفن العربي).. وأسئلة خليفة العريفي:
(المسرح الصحراوي؛ هل هو مصطلح جديد؟ هو محاولة لإعطاء
الصحراء موقعة في خارطة المسرح؟ هل هناك بشر يعيشون في
الصحراء الآن يتوقون إلى مسرح يعنى بهم؛ بحياتهم).

عروض المهرجان بدأت بالعرض الإماراتي؛ الفزعة من تأليف
سلطان النيادي ومن إخراج محمد العامري.

اليوم الثاني عرضٌ من مصر بعنوان عنترة، تأليف وإخراج د.
جمال ياقوت.

اليوم الثالث عرض من تونس بعنوان خضراء، تأليف حاتم
الغرياني والبشير عبد العظيم، ومن إخراج حافظ خليفة.

اليوم الرابع عرض من موريتانيا، إعداد محمد إدوم وسلي عبد
الفتاح، ومن إخراج علي عبد الفتاح.

اليوم الخامس مسرحية من عمان، بعنوان الهيم للشاعر مطر
البريكي، ومن إخراج أحمد سالم البريكي.

مسرحية الفزعة

من تأليف سلطان النيادي وإخراج محمد العامري.. تدور أحداث المسرحية حول مفهوم الفزعة كقيمة محورية في ثقافة الصحراء، تحمل معاني النجدة والإغاثة والمؤازرة ومساعدة الملهوف في مجتمع صحراوي تحكمه تقاليد التعاون والتآزر في مواجهة أخطار الغزو والاعتداء، تتكاتف العشيرة مع العشيرة والقبيلة مع القبيلة.

عرض المهرجان الافتتاحي بعنوان الفزعة من تأليف سلطان النيادي، وإخراج محمد العامري، وإنتاج مسرح الشارقة الوطني.. يفتتح العرض الراوي أحمد الجسمي وهو يحكي عن قيم الصحراء وعن الفزعة، بصوته الدرامي الشهير بأدائه الرزين الراسخ منادياً: (ربينا على هذه الأرض ولقينا سوالف من سبقونا.. هل فزعة وهل نخوة وهل شيمة وهل سيمت وهل شور وعلم وسلوم طيبة.. شديدا على من بغاهم. يحتمى الخائف في ذراهم. صلفين كجلمود صخر ما يلينون.. وهينين وريفين باليار والرفيق والضيف.. ان دقت

طبول الوغى سيرجيو خيول الفكر والحزم ويأبو حقوقهم بسيف ولا بكيف.. ما يخنعون ولا يرضخون.. يهابون ولا يهابون.. يكرمون الضيف). وكأنه يصدر مانفيستو شيم وأخلاق وثقافة أهل الصحراء؛ أهل النخوة والفزعة، أهل المشورة والحكمة الأقوياء على الغازي، والرحماء بالضعيف؛ أصحاب السيف عند الشدة، والحكمة في السلم.. لتبدأ الحكاية براعي الفزعات يطلب العون والمساعدة من جيرانه، فيجد الصد والخذلان متنقلا بين العشائر القريبة، يحدثهم عن الخطر القادم، ويذكرهم بمثَل «أُكلت يوم أكل الثور الأبيض.. تنشب خلافات بين أفراد العشيرة؛ بين من يناصر الفزعة وَمَن يتقاعس.. وتتحرك الأحداث في مشاهد الغزوات والمعارك والقتال.. لينحو النص في انعطافة مفاجئة وذكية، بالانتقال إلى مفهوم آخر للفزعة من مجرد طلب النصرة عبر الصدام والقتال والصراع المباشر، إلى مفهوم أكثر رحابة وإنسانية للفزعة؛ بمعاني العلم والتعلم والاستنارة، وينتقل مستوى الصراع من قتال عراك إلى مستوى أكثر تعقيداً للتجاذب بين الجهل والعلم، بين حضارة وحضارة.. ويختم العرض بمشهد جمالي، عميق الدلالات، لرجال ونساء وأطفال يحملون مشاعل وفوانيس، ترمز للعلم والنور والتنوير، كسلاح حضاري ينتصر لقيم الحق والخير والجمال.

نجح العامري في التعامل مع الفضاء الكبير، فشغله بالمجاميع وحركة الخيول والجمال والبشر، ورسم لوحته بديكور واقعي من

أشجار النخيل والخيام والتلال الرملية في الخلفية، ليجسد لوحات شاعرية بانورامية وكأنها شاشات سينما.. وجاءت الإضاءة كعلامة تميز في العرض، على مستوى وظيفتها الاستخدامية في كشف المشهد لعين المتفرج، وفي توظيفها برمزية في مشاهد حالمة وفي مشاهد المعارك الصاخبة بألوانها القوية الحمراء، عن طريق الأجهزة الحديثة أو إنارة المشاعل والحريق.. تميز النص باللغة العامية بشاعريتها وعمقها. وتضمن الحكم والأمثال والأقوال، فمن حكمة البدو نجد: (واللي ما يثمن الشور يرد مدحور) و(يقولك ان اتحسن جارك، بل راسك) و(أن شبت النار في يارك.. لا تأمن على دارك). وعندما يصنف الراوي بحكمته أنواع الفزعات ويقول: (الفزاعات ثلاث.. فزعة دار وجار.. وفزعة منتخى ينجيك.. وفزعة نصيحة وعلم وشور واللي ما يفزع لها الثلاث ما ينعد عند العرب شي).. (والعظام ما لها غير العظام)، ليذكرنا بأبيات المتنبي: على قدر أهل العزم تأتي العزائم. ومن الشعر أورد الكاتب أبياتاً تحاكي الحدث، وتعبر عن مضامين المعاني مثل قوله:

يا حسافة خيب الظن.. صاحب من أجله تعنينا

يوم سرنا ليت ما سرنا.. ملتقانا ملتقى شينا

ليتوانيا ومول ما ثنا.. قصص حب الوصل بينا

يتحسر راعى الفزعات على الموقف المتخاذل والصد عندما طلب النجدة، والمقابلة غير الودودة القاطعة للوصل والمحبة.

وفي ختام العرض يصدح الشاعر لأطفال المستقبل، ويوصيهم بالعلم؛ سلاحاً ونوراً وحصانة:

العلـم نـور والعلـم نبـراس.. مثـل المنـارة للهـدى نهتـدي بـهْ

واللـي محـا ضيـم الجهالـة.. صـار الوقـار وحـب النـاس نصيبـهْ

لولا الثقافة ما انبى للأمم ساس.. ومجد الامم دون الثقافة مصيبهْ

مجد التتار بعرف العصور الإفلاس.. ومجد العرب يبصم له الوقت طيبهْ

مسرحية عنترة

العرض المصري عنترة من إعداد وإخراج د. جمال ياقوت، إنتاج فرقة كريشن جروب. وتمثيل زياد يوسف.. إيمان إمام.. محمد بريقع.. سارة فؤاد.. محمد فاروق.. أحمد عزت.. فاطمة أحمد.. محمود جمعة.. ديكور: حازم شبل.. ملابس: هالة الزهو. مكياج: نيرة عباس. إضاءة: إبراهيم الفرن. ألحان: شيريهان الحديني.

نص العرض مستمد من عدة مصادر، منها مسرحية عنترة، ليسرى الجندي، ومن السيرة الشعبية لعنترة بن شداد، وراوية عنترة، لمحمد فريد أبو حديد.

قصة عنترة في حبه المستحيل لعبلة، وبحثه الوجودي عن الهوية والانتماء، حكاية العشق المكبل بالعادات والتقاليد. حكاية الفارس الذي يدعى لساحات الوغى، ويبعد عند أكل الثريد. العبد كاسر قيود العبودية والفارس الشاعر الفصيح.

منذ المشاهد الأولى، نلاحظ قدرة المخرج على السيطرة على

الفضاء المسرحي، والسينوغرافيا تشكلت من فضاءات مفتوحة، من امتدادات رأسية الكثبان والتلال الرملية وامتدادات أفقية شاسعة، وهندسة بحركة الخيول والجمال والخيام المحيطة بين مضارب كل عشيرة وعشيرة، وخيام مجلس شيخ القبيلة، وخيمة عبلة وخيمة الملك النعمان.. بدأ العرض من ذروة درامية اختارها المخرج، والمشاهد يستمع للحوار، يوضح عبودية عنترة، ومأزقه في صراع الهوية.. تميز الأداء لعدد كبير من الممثلين، ممن لهم تجربة وتأهيل أكاديمي في فنون الأداء على مستوى الأداء الصوتي والأداء الحركي. أضْفت الإضاءة بعداً شاعريّاً للمشاهد بألوانها الزرقاء والخضراء. ونجحت في مهمتها الأولى وهي الإنارة. توجت الإضاءة جمالية وشاعرية في مشهد حلم عنترة. على كل تلة رملية وقفت شخصية.. عبلة.. وابن عمها.. وعمها.. ومع كل جملة حوار بين عنترة النائم حالماً، وبين الشخصيات، تنير إضاءة زرقاء حالمة، ويبدو القمر زاهياً في خلفية الصورة البانورامية.. مزج العرض بمهارة وحرفية بين مكان تراثي صحراوي بدوي، وبين استخدامه للأحداث مع أجهزة تكنولوجيا الضوء والصوت. وتناغمت أحداث الحكاية بين مشاهد واقعية تقترب إلى الطبيعية من الصحراء، وبين موسيقى حديثة.. بين وقائع تحاكي ما حدث في العصر الجاهلي، وبين راوٍ حديث يحكي الأحداث وفق منظور حداثي جديد. إضفاء الروح المصرية ذات الخصوصية المتفردة، لم يكن نشازاً مع الحكاية التاريخية، بل أضفى عليها نكهة

وروحاً في هارموني من الحكي والأداء والجماليات المدهشة. وإن كان إغفال العرض أشعار عنترة الشهيرة في معلقته أفقده كنزاً من الشعر الدرامي، كان سيشكل رافداً حيويّاً ودفقاً حارّاً في شرايينه.

مسرحية خضراء

مسرحية خضراء من تونس، إعداد من السيرة الهلالية، لحاتم الغرياني والبشير عبد العظيم، ومن إخراج وسينوغرافيا حافظ خليفة، ديكور: ضو الشهيدى، موسيقى: رضا بن منصور، إضاءة: محمد رشاد، ملابس: مفيدة المرواني، مساعد إخراج: منذر العابد، تمثيل دليلة المفتاحي.. نادرة لملوم.. عبد اللطيف بوعلاق.. صلاح مصدق، بمشاركة لطفي بوشناق، وفارسة تونس أماني عبد اللوى.

هي حكاية تغريبة بنى هلال في السيرة الشعبية، بثوب جديد وبالاستعانة بنص الجازية للمؤلف محمد المرزوقي.. تحكي حال بلاد تونس في تاريخية تعيش في قحط وفقر وقهر، يدخلها بنو هلال للعيش والاستقرار.. يقسو عليهم الزناتي ويفرض عليهم الضرائب الباهظة والجبايات أو الرحيل ومغادرة المكان.. تتطور الصراعات ويحدث القتال، ليؤسر أبو زيد الهلالي لتقود الجازية المقاومة وتنجح بالحيلة وحسن التدبير، ثم القتال ومشاركة الرجال المعارك حتى تتوج بالانتصار.

هي السيرة الهلالية، التي كتبت في تونس ودرسها عبد الرحمن الأبنودي في مصر وحكاها الراوي في ليالي سمر الفلاحين في نجوع مصر، وأنشدها المغني في مقاهي تونس.. المخرج حافظ اختار الحكاية وأعاد إنتاجها في عرض مسرحي مبهر.. في فضاء شاسع نظَّمَ المكان مستعيناً بتكنولوجيا الصوت والإضاءة وديكورات طبيعية، من تلال وكثبان وخيام وبئر وجمال وخيول ورايات، أضافت جمالاً بألوانها الخضراء والحمراء، واستخدمت كعلامة درامية للإشارة لطرفي الصراع. يبدأ العرض براوٍ في زي حديث؛ بدلة كاملة وربطة عنق.. لتنطلق الأحداث والخيام على أطراف المكان، وفي تلة عالية تبدو قلعة حديثة البناء تختلف عن معمار باقي المكان الصحراوي؛ هي رمز للجبروت والاستعلاء والقوة يقطنها القائد المستبد الزناتي وعشيرته.. وفي الأسفل خيام ومضارب عشيرة بني هلال.. شكلت الإضاءة عنصراً درامياً وجمالياً متميزا في بعض المشاهد الحالمة بالإضاءة الزرقاء، وفي مشاهد المعارك؛ غلب اللون الأحمر بالإضاءة الاصطناعية والإضاءة الطبيعية للمشاعل النارية. كذلك كانت الملابس متقنة وبألوان صارخة، تتيح للمشاهد من بُعْد أن يتبين الشخصية ووضعها الاجتماعي.. الأداء الصوتي تميز بالقوة والإتقان، وبدا جليّاً رسوخُ الممثل على فضاء العرض وسلاسة الأداء الحركي، والمرونة الجسدية، وفي الأدوار النسائية برزت الممثلة دليلة المفتاحي في دور الجازية وفارسة تونس الأولى أماني

في انطلاقتها الاستعراضية على صهوة الفرس، ملوحةً بعلم تونس، وفي مشاركتها في مشهد المعارك القتالية، وهي تخوض وتشق الغبار وتلتحم مع الفرسان، في مشاهد واقعية تحتاج إلى قدر كبير من الخبرة والتدريب الشاق.. نجح المخرج في الاستيلاء على كامل ساحة العرض بحرفتيه في إدارة المجاميع، وتحريك الخيول والجمال.. في التفاتة ذكية وضع المخرج كمصمم للسينوغرافيا؛ البئر في مركز المكان، كقلب الصحراء النابض ومصدر الحياة لإنسان وحيوان الصحراء، وأيضاً كمكان للقاء وتداول الأخبار والسؤال عن الأحوال، وذريعة لنساء العشيرة لتبادل القيل والقال والثرثرة.. تدور الأحداث على الأطراف إلى يسار ويمين البئر ومن أعلى المكان إلى أسفله، ويظل البئر في مركزه المحوري. انحاز المخرج في رؤيته المسرحية وفي أفكاره، إلى إبراز دور المرأة، فالجازية هي القائدة والمحركة للأحداث، وهي جنرال المعركة الحربية. وفي كثير من المشاهد شكلت المرأة حضوراً في الحوار والنقاش واتخاذ القرارات، بل في المشاركة في المعارك.. وظف المخرج الحكاية التراثية للإسقاط على الواقع السياسي الراهن في تونس، وأسهب في التغني بالخضراء كما أكد راهنية الحدث، باختياره اسمَ «خضراء» للإشارة إلى تونس.

مسرحية الهيم

مسرحية الهيم من سلطنة عمان، من تأليف محمد بن سيف الرحبي، وأشعار مطر البريكي، ومن إخراج أحمد سالم البلوشي، وإنتاج فرقة الصحوة المسرحية الأهلية.. تمثيل خليل السياني.. سعود الخنجري.. خميس الرواحي.. مقبول العامري.. موسى الهنائي.. عائشة البلوشية.. زكريا البطاشين.. سلطان المحمودي.. محمد البلوشي.. عبد الملك الغداني.. هزاع الشحي.. يقظان الهنائي.. وليد الكاسبين.. مساعد مخرج: سعيد العامري.. مكياج: عزيزة البلوشية.. ديكور: حبيب البلوشي.. إضاءة: أحمد الشبدي.

الهيم مفردة تعني الإبل شديدة العطش، التي لا ترتوي.. تحكي المسرحية عن بدو الصحراء في ترحالهم الدائم بحثاً عن ماء الحياة. يبحثون عن الماء للسقي والري ويبحثون عما يروي ظمأ الروح الإنسانية، بحكاية عاشق يلتصق بأرض سكنتها يوماً ما حبيبتُه وطفاء، وكأنه يسترجع قول الشاعر القديم: وَما حُبُّ الدِيارِ شَغَفنَ قَلبي.. وَلَكِن حُبُّ مَن سَكَنَ الدِّيارا. استخدم المخرج خاصية الاسترجاع في إعادة

حكي ما حدث في الماضي، مع التداخل من لحظات راهنة، في مزاوجة ذكية بين ما حدث وما يحدث. يروي العاشق المستفرد حكايته للعابرين في رحلة البحث عن الماء. يعزف نغمته ظامئاً للحب، لمن في ظمئهم المائي. بدأ العرض باستعراض أدائي راقص وسط ضربات إيقاعية لطبول تدوي في المكان، كإشارة استهلال وتحفيز للمشاهد، حتى ينتبه لما سوف يجسد.. حاول المخرج السيطرة على المكان الممتد، فحصر موقع الأحداث في نطاق ما، تحيطه خيام الشخصيات، واستخدم في المشهد الأول مسقطاً ضوئياً من أعلى تلال الرمال إلى أسفل ساحة الفعل المسرحي.. لم يستخدم المخرج التسجيل الصوتي ويفضل استخدام الصوت البشري الحي، بواسطة الميكروفونات المعلقة، مما أضفى حيوية وواقعية، ومكّن الممثل من الأداء المتناغم بين الأداء الصوتي والأداء الحركي الجسدي، رغم بعض المشكلات الفنية المؤثرة على جودة ونقاء الصوت.. المفردات الصحراوية كانت حاضرة في الديكور والأزياء والأكسسوارات من الخيام والخيول والطبول والمشاعل. غلب على إيقاع العرض، طابع الحكي والسرد، والذي أدى إلى رتابة بعض المشاهد مع التكرار، مثل إلقاء أبيات من قصيدة، ثم إنشادها، ثم أداؤها مغناة..

مسرحية فتيان الفريك

عرض مستوحىً من التراث الشعبي الموريتاني، ومن إعداد محمد إدومُ، وسلي عبد الفتاح، وإخراج علي عبد الفتاح، ومن إنتاج جمعية المسرحيين الموريتانيين، وفريق تمثيل ضم: بابا ميني.. أم المؤمنين عثمان.. عيشة موسى جكو.. مريم الشيباني.. فاطمة محمد.. سلي عبد الفتاح.. شيخنا مولود.. محمد عزيز.. مراد اب.. إضاءة: سعدنا حمود.. صوتيات: محمد عمر.. محمد الأمين.

يُحيي العرض قصةَ شيخ قبيلة يحاول الوفاء بوعده، بتزويج ابنته إلى أحد أقربائه.. وبعد ظهور غريب وسط القبيلة، تتطور الأحداث من قصة إعجاب وحكايات الوشاة، حتى تتعرض القبيلة للغزو، ويتم اختطاف الحسناء خديجة ابنة شيخ القبيلة، لينبري الغريب ويتصدى للغزاة، ويستطيع فك أسرها.. اختار المخرج أن يحصر منطقة الأداء، ما بين الخيام، وشكل بيئة صحراوية المفردات، بالخيام وحركة الخيول والجمال، وباقتصاد في استخدام تكنولوجيا الإضاءة مع استخدام ضوء اشتعال الحطب الطبيعي. كما فضل استخدام الصوت

البشري الحي، بواسطة الميكروفونات، ورغم بعض الصعوبات الفنية، وتأثير حركة الرياح على الأصوات، إلا أن الاداء الصوتي الحي أكسب العرض مصداقية التواصل مع الجمهور، وساعد الممثل على تناغم الصوت مع الأداء الحركي.. تميز العرض بنكهته الموريتانية الخاصة في الأزياء والأكسسوارات، وملابس النسوة وحكاياتهن السرية.. برع طاقم العرض في الأداء بلغة فصيحة، لا تشوبها الأخطاء، واضحة النبرة وتميز الإلقاء الشعري، على سبيل المثال؛ إلقاء أبيات:

أنا السيد الحامي حمى وطني.. إذا تقاعس عنه الغير أهمله
أنا الفتى الوارث الأمجاد سلسلة.. إذا تقلدها فالفخر حق له

بعد قراءتنا للعروض المشاركة في المهرجان، نحاول مقاربة التنظير للمسرح الصحراوي وأسئلته.. هل شاهدنا مسرحاً في الصحراء، أم مسرحاً صحراويّاً؟ هل اقتربنا من مصطلح المسرح الصحراوي؟ هل أقبل الجمهور على المسرح الصحراوي؟

الإجابة على هذه التساؤلات، تأتي في سياق الصيرورة، وحالة التخلق والنشوء، لتشكل مسرحي جديد.. بشارته وشارة انطلاقه، جاءت برؤية ثاقبة ورعاية من رجل مسرح في قامة حاكم مستنير: سمو الشيخ الدكتور سلطان بن محمد القاسمي، عضو المجلس الأعلى حاكم الشارقة. أنزلها إلى حيز التنفيذ كوادر مسرحية وإدارية بقيادة سعادة عبد الله العويس رئيس دائرة الثقافة، ورئيس إدارة

المسرح الفنان المسرحي الأستاذ أحمد بورحيمة. ووفّرت الدائرة كل المعينات اللوجستية للمهرجان، من استضافة الوفود، وعدد كبير من المسرحيين والإعلاميين العرب، وبتوفير ساحة العرض وتزويدها، بأحدث أجهزة الصوت والإضاءة، مع تنظيم للندوات الفكرية، والمسامرات النقدية، والمطبوعات، والكتب.

بنظرة شاملة للعروض، نلحظ أن عروض فزعة الإماراتي، وعنترة المصري وخضراء التونسي، تميزت بسمات مشتركة؛ منها امتداد مساحة العرض لمسافات شاسعة تنطلق فيها الخيول بأقصى سرعتها، لتبدو المشاهد أقرب إلى الكادرات السينمائية.. مع استخدام خاصية البلاي باك للصوت وإدماج تسجيلات لموسيقى حديثة، وكذلك الإفراط في استخدام تكنولوجيا الإضاءة، بتنويعات مختلفة في الألوان والمساقط الضوئية وأشكال الحلقات الضوئية، بينما اختارت عروض الهيم العماني وفتيان الفريك الموريتاني؛ الاقتصاد في استخدام تكنولوجيا الإضاءة والاعتماد على الصوت البشري الحي، وندرة استخدام المؤثرات الصوتية، بالاكتفاء بالآلات الإيقاعية وأداء الأشعار.

كما أوردنا في عنوان القراءة النقدية؛ نقول إن عروض مهرجان المسرح الصحراوي جذبت الجمهور إلى المسرح، بأعداد تجاوزت الآلاف، وفي كل عرض احتشد أبناء جاليات الدول المشاركة في مشهد وطني بديع. نجحت العروض على مستوى الشكل في إنتاج سينوغرافيا فريدة للصحراء، تمثلت في تصميمات ديكورية من

الخيام والرمال وحيوانات الصحراء؛ من خيول وجمال، وعلى مستوى المضمون تناولت موضوعات ذات صلة وثيقة بقيم وثقافة أهل الصحراء، مثل قيم الفزعة في العرض الإماراتي، وقيم الوفاء والشهامة في العرض الموريتاني، وقيم الشجاعة في مسرحية عنترة المصرية، وقيم التمسك بالأرض والحبيبة في العرض العماني، وقيم المروءة والفخر في عرض خضراء التونسي. نجحت العروض في تجاوز صعوبات العرض في المكان الواسع، باستخدام ديكورات واقعية ضخمة. وتجاوزت صعوبة أداء الممثل من مسافة تبعد مئات الأمتار، عن مدى رؤية المتفرج، بالاعتماد على حركة جسد، تعتمد أسلوب المبالغة وتحرك المجاميع الكبيرة المحتشدة في معارك القتال.. تغلب المهرجان على مشكلة الصوت، باستخدام تقنية البلاي باك. وختاماً نقارب سؤالاً مركزيّاً للدكتور مصطفى رمضاني: (هل يمكن إضفاء مشروعية على مصطلح بإقامة نشاط مسرحي)؟ نقترب من الإجابة بِنَعَم واثقة مستمدة من نجاحات العروض، في اجتذاب الجماهير في صياغة مشهديات صحراوية، تختلف عن أي مشهديات مسرحية أخرى.. في بحثها عن مضامين تعكس قيم وثقافة وأمل وأحلام إنسان الصحراء.. في اقتراحها لتجريب جديد شكلاً ومضموناً، متوجَةً بإيجاد مسرح محددِ التفاصيل والملامح، يحتمل المقايسة المعيارية.

مدق الحناء
متعة بصرية وفنية

افتتاحاً لمهرجان المسرح الخليجي بالشارقة، قدمتُ فرقةُ مزون المسرحية، عرض مدق الحناء من إخراج وسينوغرافيا يوسف البلوشي، ومن تأليف الكاتب السعودي عباس الحايك.. المسرحية تحكي عن رسلان المتسلط على أهل القرية، يبني سفينة بغرباء استقدمهم ضد إرادة أهل القرية.. يعينُه من أبناء القرية هجرس الطامح للثراء.. يقف حكيم القرية الأعمى في وجه رسلان ومعه صخر والد الطفلة زهرة، وعندما يصعد صخر على سارية السفينة، ويرفض النزول يقتله هجرس بتحريض من رسلان.. يندم هجرس وتطارده الهلاوس حتى ينتحر. ينتفض أهل القرية في ثورتهم، في الوقت الذي يهرب فيه الغرباء بالسفينة.

برزت السينوغرافيا برموزها وعلاماتها الديكورية والإكسسوارية، وجسدية الممثل والأزياء والإضاءة، بروح ونكهة عمانية مميزة، حتى كدنا نستنشق عبق البخور العماني. توسط ديكور تجريدي لسفينة في

مراحل اكتمال تشييدها بأقواس خشبية، تشكل هيكل نُفّذَ بإتقان وصنعة احترافية، مع إكسسوارات مدق خشبي ضخم. حملت مفردات الديكور خلفياتٍ لطقوس شعبية عمانية، في مشاهد دق الحناء والرقصات الاستعراضية، وإيقاعات موسيقية حارة وملابس ذات طابع محلي، مع ملمح الصدور الخالية والعارية من الملابس.

عنوان النص كعتبة أولى من عتبات ولوج العرض ـ كما في النقد البنيوي ـ تسلسل على داخل العرض في مشاهد الأم، وهي تعاتب ابنها هجرس لتتوالى الدقات خفوتاً وارتفاعاً رجعاً وصدىً لتحولات الحوار اللفظية، وحضرت الحناء أيضاً رمزاً للفأل الحسن؛ عندما حنَّت الأم يدَ ابنها.. من المشاهد التي تألق فيها المخرج مشهد الأم وهي تعاتب ابنها على قتله لصديقه وتنكره لصديقه.. تتبدل المشاعر فبَعد أن وبخته بعنف، تستيقظ فيها عاطفة الأمومة، فتحضنه وهي تتأرجح بين حالات من الضحك المختلط بالبكاء، بقدرة أدائية ملفتة في الانتقال من مشاعر الحزن لمشاعر الفرح، ومن العتاب للمواساة، ومن الغضب إلى الرضا.

جاءت خاتمة العرض بصراعات سيكولوجية؛ تفجرت هلاوس في أغوار شخصية هجرس وشخصية رسلان، وبدا وكأن المخرج ينحاز للصراعات السيكولوجية الشخصية، ويغفل عن الصراع الأكبر وهو الصراع الاجتماعي الطبقي في المجتمع المحلي، وصراع السلطة وصراع الثروة.

من إشراقات العرض؛ الأداءُ المتقن للمجاميع والأداء الاحترافي للقامة المسرحية عزيز خيون، والذي أسهم بخبرته في تجويد أداء زملائه الممثلين، كما جاء أداء زينب البلوشي في دور الأم مبهراً وطازجاً، كما برز عبد الحكيم الصالحي في دور هجرس وعبد الله مرعي في دور زيدون، وعيسى البح في دور صخر.

استحق العرض جائزة أفضل عرض مسرحي في مهرجان المسرح الخليجي الثالث، وحصد أيضاً جائزة أفضل إضاءة، وسجل اسمه كلوحة مشرقة في سجل المسرح العماني.

قراءة في عروض مهرجان المسرح الصحراوي

الدورة الخامسة 2019

مسرحية مطايا البيان

تأويل الكلام

من تأليف فيصل جواد، وإخراج محمد العامري، من إنتاج مسرح الشارقة الوطني، وبمشاركة نخبة من فناني المسرح الإماراتي؛ الفنان القدير أحمد الجسمي وأحمد عبد الرزاق ومحمد غانم وبدور، وفي التسجيل الصوتي: الفنان إبراهيم سالم وفيصل جواد ورائد دلاتي.

وكعادته؛ قدم العامري رؤية إخراجية مبدعة بحلول فنية وصور بصرية مبتكرة عبر سينوغرافيا استوعبت مساحة العرض الواسعة بتوزيعات من الخيام على امتداد التلال الرملية، التي شكلت خلفية ساعدت الإضاءة في تبيان ملامحها كمسرح لأحداث بعض المشاهد.. وأسهمت حركة المجاميع والخيول والجمال في ملء الإخراج الإذاعي والمسرحي والسينمائي، لإثراء المشهد البانورامي، وكما

قال في الندوة عقب العرض؛ إنه يهتم بفتح نافذة لكل متفرج يطل من شرفتها على العرض ويتذوقه بمقدار معرفته وثقافته العامة والمسرحية.. أسهم الأداء الصوتي الرائع وخاصة صوت أحمد الجسمي المجلجل في فضاء الصحراء، في إيصال المعنى وتجميل العرض.. شكل النص المسرحي بشاعريته ولغته الباذخة العامرة بممكنات التأويل والمعاني الخفية، تحدياً لاستراتيجية الإخراج.. نجح العامري بموهبته الاستثنائية وخبرته المسرحية، في خلق معادل بصري جمالي، طرز النص بحواشي الزينات والمتعة البصرية.. حكاية المسرحية تدور حول قصة رمزية بلغة عالية الشاعرية نقتطف منها (القول سهم في كنانة اللسان فأحسن رميته لئلا يرتد إلى نحرك.. فالسهام وجهان.. واعلم أن الأسماع تمتطي المعاني وأن العقول للكلم مطايا البيان)، عن ثلاثة أشقاء كلفهم والدهم بنقل رسالة، لنجد اختلافاً في نقلها وتأويلها عن كل واحد منهم، فالعبارة ببساطتها واختصارها في بني عمكم يكيدون لكم؛ تباينت طريقة نقلها وتباين تلقيها وتباين تأويلها وتبادل رد الفعل عليها.. في مجتمع عربي صحراوي تعلو فيه قيمة الكلمة، وقد تكون مصدراً للخير العميم ومصدراً للشر والقتال والحرب، وقديماً قالت الأعراب: الحرب أولها كلام.. أوجز الكاتب المعنى العميق للنص بعبارات (نسعى خلف مرايا الحرف بينما ندبر لبريق المعنى الكامن في التفاصيل.. وعلى ذمة التأويل كم نهدر من صيب التنزيل.. نتلقى القول ثم نعيد صياغة أخرى بمقتضى الأهواء،

نخاتل المعنى بالميول، ونقول لا كما يريد القائل أن يقول).. من إشراقات النص والعرض المسرحي؛ فكرة تماس حافة الخطر، فرغم تأويل الكلمة في اتجاه العدوان، ورغم توفر أدوات الحرب من سيوف ورماح، وتوفر دوافع النزاع؛ اختار الكاتب والمخرج أن تتوقف لحظة المواجهة، ولا يحدث قتال أو دماء، حتى في مشهد حدث فيه محاورة بالسيوف؛ انتهت بسلام ولم يقع قتيل.. قدم العرض رسالة إيجابية في الختام عن التسامح والأخوة وعلاقات المحبة والإخاء والجيرة.. وكما عبر الناقد السوداني السر السيد، فإن هذا العرض أصاب بنية المسرح التقليدي في مقتل.

مسرحية الأصاخيب
استرجاع أزمنة جائحة

في اليوم الثاني للمهرجان قدمت فرقة المسرح الشعبي من الكويت مسرحية الأصاخيب، تأليف فلول الفلكاوي وإخراج محمد الشطي، تمثيل: هبة المطيع.. جراح مال الله.. عبد العزيز السعود.. عثمان الشطي.. بشاير الرشيدي.. فاطمة بن جمعة.. أحمد الرفاعي.

يسترجع النص حكاية أحداث واقعية مأساوية، شهدتها الكويت سنة 1830 لأجواء دراماتيكية رافقت انتشار مرض الطاعون، من الهلع والكرب والانكسار إلى جانب المقاومة والصلابة والصبر. نتج عنه موت ما يقارب نصف سكان المنطقة، ومن خلال قصص مستوحاة من حكايات تلك الأيام القاسية، نسج نص المسرحية.

يلامس النص حكايات درامية من واقع المأساة، ويتلمس جوانب من عادات وتقاليد وقيم مجتمع الصحراء، مثل حكاية الرجل الذي يرفض واقع إنجابه للبنات وقصة حب بين سعود وسمية، صمد في

وجه المجتمع ليهزمه الطاعون.. ومن إشراقات الأفكار في النص؛ انحياز الكاتب للمرأة في صمودها وإصرارها على رعاية بناتها والدفاع عن أسرتها في مواجهة الظلم الاجتماعي من زوجها، وهو يعيّرها بإنجاب البنات وقسوة وباء الطاعون.. كما أبدع المخرج في مشهد الرجل المنكسر أمام فاجعة موت بناته، ليعود نادماً إلى روح الإنسان بحبه الطبيعي والفطري لبناته، هائماً صائحاً: أنا أبو البنات.

نجح المخرج في إيجاد صياغات مشهدية، وُظّفت بشكل متقن جماليّاً ووظيفيّاً باستخدام مفردات ديكورية بسيطة، تماثل أدوات الصحراء، وبالاستعانة بإضاءة تناغمت مع تضاريس المكان المسرحي.. كما نجح في إدارة الممثلين الذين قدموا أداءً مسرحيّاً منضبطاً، تجاوب مع رؤية المخرج، في إضفاء البعد الميلودرامي كإطار نفسي لحالات الحزن والهلع والانكسار، ومن ثم الصمود والانتصار للحياة.

مسرحية المك نمر
العشق والموت

لفرقة المخمل المسرحي السودانية، من تأليف إبراهيم العبادي، وإخراج عادل حربي. وحاتم محمد علي؛ مساعد المخرج. كتب النص عام 1931. مقتبس وقائعي لقصة، تحكي شعراً عن قصة حب الفتى طه والفتاة ريا، وهما من قبيلة البطاحين، وعندما يشاهد شيخ العرب، وهو من شيوخ القبيلة الأكبر؛ الشكرية، الجميلة ريا يطلبها للزواج ليقابل طلبه بالرفض، فيعتبره إهانة لمكانته.. وخوفاً من سطوته ونفوذه، وحرصاً على سلامة القبيلة، يقرر طه الهروب مع ريا، وأثناء ذلك يطارده شيخ العرب، وتحدث المواجهة.. يقتل طه شيخ العرب ويصل إلى المك نمر، زعيم قبيلة الجعليين الأكبر، طلباً للاستجارة، يجيره المك، وتكاد تحدث الحرب بين القبيلتين، حتى ينتصر صوت العقل.. احتشد النص بشاعرية ممتعة، حفلت الأبيات بالحكم والأمثال والمعاني الخفية والعميقة.. وتغنى فيها أبناء القبائل بشجاعتهم وإقدامهم وكرمهم. عن فلسفة الموت كتب العبادي:

الموت ما شمت

غاية البخود والببرو

والموت والحزن ما جابوا زول من قبرو

الزول في الشدايد اولى يلزم صبرو

يترجى الكريم مولاه يجبر كسرو.

بمعنى أن الموت خيار لا شماتة فيه، والحزن لن يعيد الرجل من قبره، والأوْلى التزام الصبر، حتى يجبر الله تعالى كسر الفقد والحزن.

وفي الفخر تقول ريا:

انا بت البيوت المن بعيد معنية.. بى فوق السما نفوسا حنية
انا بت ابكبس في النسبية بطحانية

بمعنى انا ابنة بيوت يتقصدها وياتى اليها الناس تحت السماء هي بيوت للحنية انا ابنة صاحب اللقب ابكس ونسبتى قبيلة البطاحين.

وبعد أن وعد شيخ العرب طه بالعودة مرة أخرى، يؤكدها بأبيات الحكمة:

الزول ان وعد شين ميعادو يخلفو.. في ربط اللسان يسخابو دمو يتلفو.

بمعنى: إذا وعد الرجل فإن خُلفَه الوعد قبيح، وإذا ما عقد لسانه لا يخلف، حتى لو سال دمه.

وفي مناحاة شمة على مقتل عمها تقول:

غرار العبوس الليلة دار دولابا.. يا خريف البطانة ومرتع الجلابة

بتعقر الركوبة وتعقر الحلابة

عمي

تساب بحر المحيط الما بضمو الساحل.. يا حليل ود كين مونة

المقيم والراحل

بمعنى غرار العبوس وهي الدنيا دارت دواليبها وانت يا خير خريف البطانة.. من كرمك تعقر راحتك وبهيمتك ذات الحليب.

استخدم الكاتب بعض الحيل في تكنيك بناء النص، وذلك بأن افتتحه بمشهد حلم يتحقق مستقبلاً، وقدم مشهد طلب شيخ العرب ليد ريا، بطريقة مشوقة عندما رفض أن ينزل للاستضافة على وعد أن يعود بطلب يرجو الاستجابة له، مما أدخل شيوخ قبيلة البطاحين في حيرة. ثم توالت الأحداث بهروب طه وملاحقة شيخ العرب ود كين له، لتصل ذروة الفعل الدرامي لمشهد القتال والموت الداوي للود كين شيخ العرب، كبير قبيلة البطاحين، صاحب النفوذ والسطوة.

وُفق المخرج عادل حربي، صاحب التجربة والخبرة والتأهيل الأكاديمي في مغازلة النص، وكسر شفره ثرائه اللغوي بتكنيك إخراجي حرفي، وذلك بإضافة مشاهد الرقصات والاستعراضات وسط سينوغرافيا رشيقة مبسطة، تمثلت في عدد من بيوت من أغصان النباتات، وبأساليب الإضاءة وسع مساحات العرض، لتصل

التلال الرملية البعيدة وحولها الجمال والأغنام، وفوق قمة التلة جلس صاحب النمات الأدائية، وقدم مشهد الهروب ومشهد الصراع بين طه وود كين فيها.. افتتح العرض بمشهد تعبيري راقص، لمجموعة من الممثلين بأزياء وحركات الغربان، يطفون أعلى التلة، وطه يحكي كوابيسَ حلمه، إشارة إلى نُذُر الشؤم والتنبئ بأحداث دامية مخبّأة تتحقق في المستقبل. فكك الإخراج النصّ، وأضاف شخصية صاحب النمات، ليروي بعض الأحداث، ويشارك فيها بالحوار.. جمل المخرج العرض بالأداء الصوتي للفنان الأوبرالي عثمان مصطفى والفنانة صاحبة الحنجرة الشجية، أسرار بابكر. تقنية البلاي باك ساعدت في إيصال المفردات الصعبة باللهجة المحكية إلى الجمهور. تميز العرض بالأزياء الملونة الجميلة المتناغمة مع شحوب ألوان قطع الديكور.. الممثلون كانوا في يومهم الإبداعي، فتألق د. طارق في دور العاشق طه، وتألقت الجميلة أماني في دور ريا، والمخضرم د. عبد الحكيم الطاهر في دور شيخ العرب ودكين، والفنان القدير الشبلي في دور صاحب النمات الحكيم.. وحلقت انتصار محجوب في مشهد المناحاة وهي ترثي عمها، فتطلق الآهات والحسرات وتكيل التراب حزناً.. حقق العرض تجاوباً جماهيريّاً وخاصة من الجمهور السوداني؛ والذى ضم عدداً كبيراً من أبناء منطقة البطانة من قبائل البطاحين والشكرية والجعليين، والذين يعرفون بيئة المسرحية وأحداثها، ويحفظون أشعار الحكاية، ويتغنون بها ليكثروا

من صيحات الاستحسان لمقاطع الفخر والشجاعة، مصحوبة بزغاريد الفرح والاستحسان من الجمهور النسائي.. وكما قالت الناقدة التونسية بسمة الفرشاتي؛ إن الصورة الذهنية عندها عن المسرح الصحراوي، تجسدت في عرض المك نمر.

مسرحية في سبيل الأصالة
حكاوي الصحراء

قدمت فرقة جلجامش العرض العراقي في سبيل الأصالة من تأليف معد هاشم، إخراج د. عبد الرضا جاسم، تمثيل: ضياء الدين معتم.. سما فراس.. نور فراس.. محمد علي. يحكى النص قصة هروب شاب ووالده بعد غزوة على قريتهم، وفي وسط الصحراء يموت الأب ويوصى ابنه بالزواج من ابنة قبيلة معينة، يبحث الابن عن القبيلة فلا يجد سوى فتاة مختلة العقل يتزوجها، وتنجب له ابناً قبل وفاتها، ينشأ الابن في كنف عمته، التي تولته بالرعاية وعندما يشب عن الطوق يكتشف أن والده يوجد أسيراً فيرحل للبحث، ليجد والده، وبالتعاون مع السجان يستطيع فك أسره والعودة منتصراً إلى القبيلة.. عكس النص قيمَ وعادات وتقاليد مجتمع صحراوي، وتشكل من سينوغرافيا تعكس خيام الصحراء وإكسسواراتها مع الأزياء البدوية للرجال والنساء.. اختار المخرج تقنية الصوت الحي بواسطة أجهزة الصوت الناقلة، مما أضفى قدراً من الحيوية والواقعية على

العرض، وإن شابت الأداءَ الصوتيَّ بعضُ المشكلات التقنية.. وعمد إلى حصر مساحة العرض الواسعة في منطقة جغرافية أقل اتساعاً وأقرب إلى الجمهور، مما مكّن من المشاهدة والتفاعل من الجمهور.. نجح المخرج في استلهام صورة المشهد الصحراوي بالخصوصية العراقية في اللهجة المحكية بجمالها وصعوبتها في آن واحد، وببعض الأهازيج والرقصات، ومن أجملها رقصة الختام، التي أشعلت حماس الجمهور، فشارك بالتصفيق والغناء.. شارك في العرض طلابٌ من أصحاب التجارب القليلة في الأداء المسرحي، مما أدى لبعض الأخطاء في الحركة والتعبير الصوتي.

مسرحية ليالي لعزيب
وهل يهب العزيب الكلأ والماء

قدمت فرقة جمعية دور المسرح للتكوين والإنتاج الفني، مسرحية ليالي لعزيب، من تأليف وإخراج التقي ولد عبد الحي، وتمثيل: النبوي بخاري.. الهادي بكات.. خديجة تيرن.. جعفر سيدي محمد.. محمد بيلاهي.. عيش جيكو.. محمد صالح محمد الأمين.. مريم كعباش.. الزهرة سيدلاي. الإضاءة والسينوغرافيا: الهادي بكات. الأزياء: الغالية أعمر شين.

لعزيب هو اسم لموسم جفاف تتجول فيه القبائل بحثاً عن الماء والكلأ.

النص سلط الضوء على قيم الصحراء الموريتانية، عبر حكاية صراع بين قبيلة لماحين وقبيلة الدواشر في أثناء تنقلهما للبحث عن الكلأ والماء. يتطور الأمر عندما يطلب ابن زعيم قبيلة لماحين يد ابنة زعيمة قبيلة الدواشر، وحينما يبدؤون في التقصي عن قبيلة لماحين، يعودون لقصة ثأر قديم، فينشأ الصراع مجدداً، ويكاد الأمر

يتحول إلى حرب لولا تدخل العقلاء، الذين عملوا على عقد الصلح بينهم.. طاف النص عبر الحكايات الصغيرة عن وضع النساء في المجتمع القبلي.. قلص المخرج مساحة العرض، لتكون أكثر قرباً من الجمهور، وعكس عبر سينوغرافيا من الخيام في موقع الأحداث، روحَ المكان الصحراوي، وكان الممثل والممثلة الموريتاني الأكثر قرباً في المهرجان، من التعامل العفوي مع الصحراء في حركة الجسد أثناء الممشى والجلوس.. واستعان بالصوت البشري عبر تقنيات الصوت، ليكون الأداء أكثر واقعية، وإن بدت مشكلات التقنيات الصوتية، والتي ترتفع تارة وتنخفض تارة، وتتأثر بحركة الملابس وحركة الرياح.. تميزت الأزياء الموريتانية الصحراوية بألوانها المميزة؛ الأزرق والأبيض والبني، وتميزت أزياء الممثلات الزاهية. أسهمت الموسيقى والرقصات الإيقاعية، في بث حركية تفاعلية في العرض، بأصوات الدفوف والآلات الوترية الموسيقية الصحراوية، التي تميز الموسيقى الموريتانية العذبة.

مسرحية زين المها
زين المها يا زين

مسرحية زين المها لفرقة مادبا من الأردن، من تأليف وإخراج د. علي الشوابكة، وتمثيل: رسمية عبدو.. سماح جرار.. طارق نعيم.. معتز أبو الغنم.. مرعى الشوابكة.. نضال البترى.. محمود جراح.

تحكي المسرحية عن قصة زين المها/ مهاجي الرمال، والتي حدثت في بادية الشام، في قبيلة مرشد وابنيْها؛ ركان ووهدان.. تغنى الشاعر بمفاخر الشيخ راكان الذي رحل لاسترجاع حلال القبيلة من قبيلة بطيحان، مما يثير غيرة زوجة أخيه وهدان، فترفض إعداد الطعام، لتنقذ الموقف المها زوجة راكان.. توقع زوجة وهدان بين الأخوين، ثم يتم الصلح..

العمل حمل خطاباً عن ضرورة التلاحم والوحدة بين الإخوة، ونبذ الفرقة والشتات واستخلاص الحكمة والمشورة في حل الخلافات.

وظف المخرج مفردات سينوغرافيا، عكست روح المكان الصحراوي بالخيام والجمال وأدوات القهوة والنيران المشتعلة والربابة.. تميز الأداء من عدد كبير من طاقم الأداء الرجالي والنسائي؛ مصحوباً بالصوت البشري الحي، وإن شوشت عليه بعض العثرات الفنية من أجهزة نقل الصوت.. انحاز المخرج تبعاً للنص إلى المرأة وأبرز دورها الإيجابي داخل القبيلة، حيث كانت المها السند والعضد وهي تحض على قيم الأصالة والكرم والشجاعة.. أضفت موسيقى الربابة والشعر الشعبي والحداء حيوية وملمح الروح الصحراوية البدوية وطقوسها.. نجح المخرج في شغل مساحة العرض القريبة من الجمهور، بالسينوغرافيا والحركة على جوانب المساحة على الخيام، وفي مركز الوسط، حيث مجلس شيخ القبيلة، وهو يجتمع مع ندماء وحكماء القبيلة، يتشاورون حول قضايا وهموم حياتهم.

مسرحية أشوفك

للوطن أعين تحرسه

مسرحية أشوفك، تأليف إسماعيل عبد الله، إخراج حسن رجب، أداء: سعيد سالم وجمال السميطي، والمجموعة. شارك العرض في أيام الشارقة المسرحية الدورة 31.

أشوفك؛ مفردة شعبية يطلقها حارس القلعة في أربعينيات القرن الماضي، في زمن الاستعمار الإنجليزي، وفكرة النص مستوحاة من قصة حقيقية.

المعزل هو مكان معزول، يتجمع فيه عدد من الأفراد، اتهمتهم السلطات الاستعمارية بالجنون، ويحرسهم رجل الحراسة جرناس.. يعيشون حياتهم بين الرفض والقبول، بين ممارسة الحياة العادية، وبين الصحوة والرفض، كل واحد منهم يروي حكايته، ثم تروى الحكاية الكبرى، وهي حكاية جرناس الحارس اليقظ، ابن البلد الرافض للظلم.. تسرد الحكاية وتنتقل بين الواقعي التاريخي، وبين

الفنتازيا الكوميدية.. رجال يتمسكون بهويتهم ووطنهم في مساحة بين الوعي والجنون.. مساحة حرة تتيح الانتقال بين العقل والغفلة، وتفتح أفقاً للكوميديا الساخرة؛ الكوميديا البسيطة، وفي داخلها مضامين ومعانٍ تجسد فكرة المجنون العاقل، أو من يري الحقيقة وسط الزيف.

مداخل بريختية ثلاثة، تفتح أبواب الولوج لعوالم الحكاية المسرحية...اختارها بذكاء المخرج حسن رجب...المدخل الأول: الستارة مفتوحة وعدد من الممثلين يتجولون وسط الجماهير مع صيحات (أشوفك)، في كسرٍ لجدار الحائط الرابع الوهمي بين الخشبة والجمهور.. المدخل الثاني: جرناس يخاطب طارش باسمه الحقيقي في كسر إيهام بريختيّ، وكأنه يقول للمتفرج: نحن نمثل وندعوك لمشاركتنا اللعبة.. المدخل الثالث: على لسان محراك، يمهد لأحداث الحكاية:

كفاكم الله الشر احباي وكل غالى وكل اللي يعزون

عبر الزمن مرت علينا امراض من كل لون

الجدري وعقر بقر والسل وكودني وطاعون

مات اللي مات والشر غدا ونجان رب الكون

المهم ما طولها وهي قصيرة اعزلوا كل المجانين خوف يتعادون

وهذا المعزل حنا فيه حذارى تقربون

تبدأ أحداث العرض وسط سينوغرافيا متقشفة.. تتشكّل من منصة على يسار الخشبة يجلس عليها عازف عود، ومنصة على يمين الخشبة تستخدم كمكان للحارس من أعلى، واستخدمت أيضا كمنزل للحارس وزوجته، وتوزعت أعمدةٌ مدببةُ الحوافّ بدت وكأنها صواريخ، وإن كانت في النص حسب إرشادات الكاتب بقايا صواري سفن قديمة، وفي خلفية الوسط ستائرُ وأعمدة خشبية ترمز للسجن. تحكّم المخرج في جغرافيا الخشبة عن طريق الإضاءة والبقع الضوئية الدائرية والمستطيلة، مع وجود إكسسوار شاشة لخيال الظل وإطار لمسرح العرائس.

أحداث المسرحية بدأت بحوارات محراك وجرناس وحسّون وعبّود وميود، فيها الكثير من السخرية والفنتازيا والكوميديا.. مثل حوار استمر أكثر من 10 دقائق حول مفردة التفلة، وهي تعنى البصقة باللهجة المحكية، وكيف استخدمت مع كفار قريش، وفي ملمح من السخرية المريرة والنقد السياسي العميق، يصف أحدهم أنباء إذاعة (البي بي سي) بأنها مجرد تفال (بصاق).. تنقل الأحداث ليسرد كل شخصية سيرة الجنون التي أوصلته للمعزل، حتى نصل للحكاية الكبرى الخاتمة، وهي حكاية الحارس جرناس مع الجنون. كل حكاية جاءت في شكل مونولوج طويل، ولكسر رتابة الحكي والسرد اختار المخرج رواية كل حكاية بطريقة مبتكرة؛ الحكاية الأولى لمحراك، يروى فيها كيف عمل مع الإنجليز وأجاد، ثم عندما قتل

كلب زوجة الضابط الإنجليزيّ، عُذّب وحبس واتهم بالجنون ليرسل للمعزل. مشهد حكاية محراك تم وسط بقعة ضوئية عليه، وأخرى على جرناس، وفي يسار المسرح تجسد الحكاية عن طريق مسرح عرائس؛ حكاية حسن وسط بقعتين ضوئيتن يسرد قصته لتتجسّد في الخلفية عبر شاشة خيال ظل، وبمصاحبة عزف هادئ على العود، يروي عمله مع الإنجليز وإجادته للغة ومعرفته بأسرار الراديو والإشارات والشفرات، وبعد أن سرق الراديو يتم اعتقاله وتعذيبه. حكاية سلوم الذي كان شاعرا وتمت مساومته حتى ينسب شعره إلى طارش ابن الشخصية المتعاونة مع المستعمر، وعندما يرفض يرسل إلى المعزل. يروى الحكاية ويتم تجسيدها حركيا بشخصيات ترتدي أقنعة على الجانب الأيمن من خشبة المسرح.. حكاية عبود وكيف استغل النوخذة دَيْنَه، وطلب الزواج من أخت ميود، وحين رفضه يرسل إلى الهند ويعود ليرسل إلى المعزل. جسدت الحكاية عن طريق مسرح العرائس.. وكانت استعانة المخرج بأشكال وأنواع مسرحية متنوعة من خيال الظل ومسرح العرائس ومسرح الأقنعة، أسلوباً ذكيّاً لرفع إيقاع العرض وإضفاء الحيوية والمتعة البصرية على المَشاهد.

بعد أن يحكي الجميعُ يطلبون من جرناس أن يروى حكايته. ويختار المخرج أسلوب الفلاش باك أو الاسترجاع لسرد الحكاية. والتي تبدأ بمشهد غزل رومانسي بين جرناس ومحبوبته فطوم، في لغة شعرية صافية باللهجة الإماراتية، يعقب مشهد الغزل دخول

طارش ابن النوخذة بصحبة زوجة الضابط الإنجليزي السكرانة، وبعد الاشتباك يعتقل محراك ويرسل للسجن.

شخصية جرناس حملت روح المقاومة والشجاعة وتأكيد الهوية، وذلك حينما يمدح رقصة العيالة، ويوقظ روح الانتماء للوطن والقبيلة؛ قائلاً: (العيالة ناموس نصر.. وصيحة فخر.. نشيدها قوافيه نيران.. ورأسها قايد ميدان.. وتخاميرها تشعل الطوفان.. زويلتها تزلزل الأركان.. وسيفها يعدل الميزان.. وعصاها زانة الفرسان.. شرف ورثناه وبنورثه.. بنبذره وبنحرثه.. العيالة عزكم.. ونيشان عنوانكم.. وصراي هويتكم.. مهما تبدلت الازمان).

ومن جوانب شخصية جرناس الإيجابية الأخرى؛ لعبه لدور القائد، وحامل الوعي، وهو يحرضهم على المقاومة ورفض المسخ، واستعادة أسمائهم الحقيقية بدلاً من بي بي سي وميود ومحراك.

قاد حسن رجب عرضه بحرفيه وخبرة، حافظت على إيقاع العرض عبر الرقصات وإيقاعات متنوعة فيها الهادئ من الونة والردح، وفيها الصاخب مثل رقصة العيالة بمصاحبة الطبل والطار وآلة إيقاع نحاسية، تخللت العرض وتكررت كل 10 دقائق.. وفى مشاهد الفلاش باك والغزل، استخدم موسيقى عزف هادئ على العود واستعان بأغنيات (ساعة ما اولدت قالو على مجنون)، وأغنية (يا زين شمسنا) بموسيقي حديثة.. مع تنوع في إيقاعات الإلقاء، من

الإلقاء الفردي ثم الإلقاء الجماعي، فالشخصية تقول الحوار وتردد المجاميع الكلمة الأخيرة، أو تردد آهات وكلمات قصيرة. جاء الأداء متميزاً من المجموعة وخاصة المخضرم سعيد سالم وعودته للوقوف على خشبة المسرح، والممثل الموهوب جمال السميطي بتميزه الكوميدي وتلقائيته المحببة.

جاء مشهد الختام بجمالية تحمل معاني مزدوجة، فيها الإيجابي، وهو استجابة المجانين لدعوة جرناس للثورة، والانضباط على عسكر الإنجليز وأذيالهم من الخونة؛ النوخذة طارش وابنه.. وفيها السلبي؛ باعتقال جرناس ووضعه في المتحف، وتغطية أعواد سواري السفن بغطاء أبيض، ووضعها كمثال صامت، وغنيمة حرب في المتحف.

مسرحية أشياء لا تصلح للاستهلاك الآدمي

من تأليف علي جمال، وإخراج حسن رجب، وبمشاركة أداء فيصل علي- أحمد ناصر- محمود القطان - عبدالله المهيري - نور الصباح.. قُدمت المسرحية في أول أيام العروض التنافسية لأيام الشارقة المسرحية.

تدور الحكاية في مقلب للزبالة.. نفايات تخرج من براميل وتتحول لشخصيات تجسد حكايات بشرية متنوعة.. الحكاية الأولى عن زوجة تمارس النفاق والبكاء المزيف على زوجها الراحل.. الحكاية الثانية؛ نفاق الموظفين للمسؤول الكبير.. والحكاية الثالثة عن ندوة عقب عرض مسرحي، تكون فيها الأحكام النقدية قائمة على المحاباة والتملق على قاعدة: أهاجم من أكره وأشيد بمن أحب.. يجمع الأشخاص الأشياء غير الصالحة للاستخدام الآدمي، ثم يحاولون البحث في كيفية التخلص من النفايات، بحيث لا تتسرب إلى الخارج، وإلى المجتمع، فكّروا في دفنها، وبعد دراسة وتشاور وجدوا أن ما

فعلوه لن يحل مشكلات المجتمع، فلا بدّ من التعايش مع الشرور، وهزيمتها لا تتم إلا بالوعي.. خاتمة العرض جاءت فيها مخاطبة بنبرة وعظية من شخصية محورية: (ابتعدوا أيها الخونة.. يا ضعاف النفوس يجب أن يخلو العالم من هذه الفضلات.. يجب أن يحتوي العالم على الحب والأمانة.. العدل والوفاء.. وحب الخير للآخرين.. الصراحة والصدق).

نجح المخرج في اقتراح سينوغرافيا بسيطة وجميلة، تحولت الأشياء من قذارتها في الواقع، إلى صيغ بصرية جمالية مدهشة، فبراميل الزبالة ظهرت على شكل براميل بلاستيكية شفافة، نزلت من أعلى المسرح بألوان زاهية لتستقر داخلها الشخصيات في خشبة فارغة. لعبت الإضاءة دوراً كبيراً في تشكيل سينوغرافيا لونية. الأزياء كذلك كانت مبسطة وموحدة ومحايدة، كأنها يونيفورم.. اختار المخرج أسلوب الكوميديا النظيفة الخالية من التهكم أو السخرية، والمعتمدة على مفارقات الموقف، المولدة لنمط ضحك عند اكتشاف الزيف والنفاق في سلوك الشخصيات، رغم أن فكرة النص لم تتغير كثيراً، وجاءت واضحة، وافتقد النص كذلك إلى عنصر الصراع بين الشخصيات، أو بين الشخصية القائدة وباقي الشخصيات، إلا أن المخرج نجح في قيادة عرض ديناميكي بالاستعانة بالسينوغرافيا وتنقلات الإضاءة والإضافات الموسيقية للسير في سلاسة ويسر، نحو لعب الحكاية مسرحيّاً، ومحاورة فكرة تحول الأشياء المادية

إلى شخصيات إنسانية حية، لينعكس التصور في ذهن المتفرج عن النفايات: هل هي الأشياء المادية؟ أم هي قيم أخلاقية وسلوكية متناقضة، فيها الخير والشر والوفاء والخيانة والكذب والرياء؟

أداء طاقم التمثيل اتسم بالتلقائية والانسجام، وتميز فيه فيصل علي في شخصية «هو» بموهبته وخبرته وإن شاب صوته بعض الإرهاق. نور الصباح تميزت بالثقة في الأداء، وأظهر أحمد ناصر وعبدالله المهيري طاقة حيوية وأداءً مبشراً. محمود القطان حافظ على إيقاع أداء متّزن، وتوافق مع زملائه من طاقم التمثيل.

الإطار الكوميدي للعرض؛ والذي خلق حالة من التواصل الإيجابي مع المتلقي إمتاعاً وجمالاً، اختار المخرج أن لا تكون الخاتمة فيه متفائلة، لتنطلق الشرور مرة أخرى إلى المجتمع، وكان الإنسان واقعاً لا مفر فيه من موبقات الكذب والنفاق والرياء.. ويسدل الستار وأكياس النفايات تتساقط على الجمهور، ليُثار سؤال: هل يستحق الجمهور هذه الرسالة القاسية؟

الفهرس